丛书策划　李世跃

丛书统筹　陶　玮

悲欣交集
——弘一法师自述

弘一法师 著
唐嘉 编

文化艺术出版社

图书在版编目（CIP）数据

悲欣交集：弘一法师自述 / 弘一法师著 . —北京：
文化艺术出版社，2014.8
ISBN 978-7-5039-5809-0
Ⅰ.①悲… Ⅱ.①弘… Ⅲ.①李叔同（1880—1942）
－自传 Ⅳ.①B949.92

中国版本图书馆CIP数据核字（2014）第140226号

悲欣交集
——弘一法师自述

著　　者	弘一法师
编　　者	唐　嘉
责任编辑	陶　玮　李　特
责任校对	董　斌
封面设计	马夕雯
版式设计	顾　紫
出版发行	文化艺术出版社
地　　址	北京市东城区东四八条52号　（100700）
网　　址	www.caaph.com
电子邮箱	s@caaph.com
电　　话	（010）84057666（总编室）　84057667（办公室） 　　　　　84057696—84057699（发行部）
传　　真	（010）84057660（总编室）　84057670（办公室） 　　　　　84057690（发行部）
经　　销	全国新华书店
印　　刷	国英印务有限公司
版　　次	2015年1月第1版
印　　次	2025年3月第13次印刷
印　　张	7.75
字　　数	160千字
开　　本	880毫米×1230毫米　1/32
书　　号	ISBN 978-7-5039-5809-0
定　　价	32.80元

版权所有，侵权必究。如有印装错误，随时调换。

编者的话

在历史文化的长流中,弘一法师李叔同的一生,如传奇般惊艳,夏花般耀眼,明月般清凉,终而安然归于佛法。

一句"悲欣交集",揭开尘封往事,那些随时光远去的话语,又在文字间再现,仿佛弘一法师坐于对面,讲述人生感悟,品藻书画人物,指点学问文章,传授至善真理。翻开书页,斯人斯语,法味隽永,馨香历久,似水滋养,长在心头。

"不为自己求安乐,但愿众生得离苦。"弘一法师的修行,以四律为行,华严为境,地藏为依,药师为引,导归净土为果。法师慈悲济物,上求下化,信愿行果,不舍众生,乘愿再来,感人至深。

本书的编者用心精选了弘一法师传世作品中有关人生经历、出家原因、艺术成就、治学心得、佛学修养等方面的文章,使读者在阅读时,或可以透过法师的感悟,体会人生的真义,开卷有得。

忽如一阵清风,吹开心头乌云。浮华尘世中,有那么一刻,让我们静下心来,听听弘一法师怎么说。

目 录

第壹辑 人生感悟

生于天津世家，远渡日本求学，于杭州从教数年，在虎跑出家为僧。弘一法师的人生里，有着对父母、兄长、亲友的感恩，对文化的弘扬，对人生际遇的反思，对生命终极意义的追求。

我的父亲母亲 / 3

我的人生兴趣 / 6

断食日记 / 8

我出家的原因 / 18

我在西湖出家的经过 / 21

我皈依佛教的精神上的出生地 / 29

选择律学为我毕生的研究方向 / 31

我出家二十年的感悟 / 33

南闽十年之梦影 / 36

前弘扬文艺之事

    后以著述之业终其身 / 44

莫嫌老圃秋容淡

    犹有黄花晚节香 / 46

遗嘱 / 49

第贰辑　艺海生涯

"二十文章惊海内"的弘一法师，学贯古今，兼通中西，工诗词、擅书法、通丹青、达音律、精金石，为中国文化书写了灿烂的一页。

浅谈书法 /55
浅谈国画 /81
中西绘画的比较 /110
图画修得法 /111
篆刻简述 /116
《李庐印谱》序 /137
《音乐小杂志》序 /138
西湖夜游记 /140
乐石社记 /141

第叁辑　传道弘法

倡导正信佛教，注重严谨治学，珍惜现在所有，改正不良习惯。弘一法师嘉言历耳，传授改过、自省、虚心、宽厚、不嗔的人生态度，以及博闻、精进的治学之道。

佛法十疑略释 /145
谈惜福、习劳、持戒和自尊 /152

改过之次第 /159

改正习惯 /163

关于整顿僧众的意见 /166

倡办小学之意 /168

英年绩学宜专力于学问及撰述之业 /169

如何修补校点《华严疏钞》/171

常用净土宗诵读经籍简介 /176

地藏法门读诵经籍简介 /182

《护生画集》编订建议 /185

《佛学丛刊》编辑建议 /190

第肆辑 上求菩提

佛法以发大菩提心为主，成佛为终极旨趣。在体证佛道的过程中，弘一法师不离世间，发四弘愿，受三皈依，修习对机法门，下化众生，上求菩提。

发四弘誓愿 /195

三皈大义 /196

佛法以大菩提心为主 /199

修净土宗者应注意的几项 /205

地藏菩萨之灵感 /207

律学要略 /211

修持药师如来法门的利益 /224

附录　弘一法师年表 /229
后记 /238

第壹辑 人生感悟

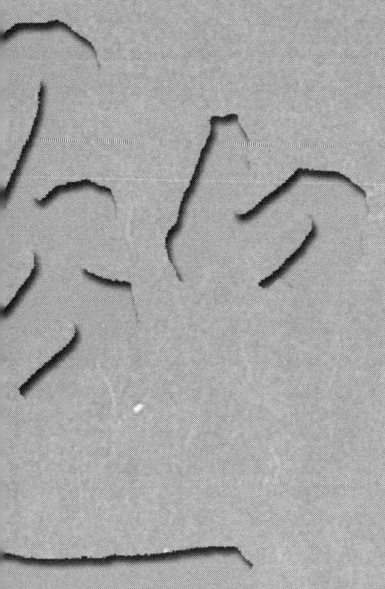

生于天津世家,远渡日本求学,于杭州从教数年,在虎跑出家为僧。弘一法师的人生里,有着对父母、兄长、亲友的感恩,对文化的弘扬,对人生际遇的反思,对生命终极意义的追求。

我的父亲母亲

在清朝光绪年间，天津河东有一个地藏庵，庵前有一户人家。这是一座四进四出的进士宅邸，它的主人是一位官商，名字叫李世珍，曾是同治年间的进士，官任吏部主事，也因乎此使李家在当地的声名更加显赫了。但是，他为官不久，便辞官返乡了，开始经商。在晚年的时候，他虔诚拜佛，为人宽厚，乐善好施，被人称为"李善人"。这就是我的父亲。

我是光绪六年（1880）在这个平和良善的家庭中出生的。生我时，我的母亲只有二十岁，而我父亲已近六十八岁了，这是因为我是父亲的小妾生的。也正是如此，虽然父亲很疼爱我，但是在那时的官宦人家，妾的地位很卑微，我作为庶子，身份也就无法与我的同父异母的哥哥相比。从小就感受到这种不公平待遇给我带来的压抑感，然而只能是忍受着，也许这就为我今后出家埋下了伏笔。

在我五岁那年，父亲因病去世了。没有了父亲的庇护，我与母亲的处境很是困难，看着母亲一天到晚低眉顺眼、谨小慎微地度日，我的内心感到很难受，也使我产生了自卑的倾向。我养成了沉默寡言的内向性格，终日里与书做伴，与画为伍。只有在书画的世界里，我才能找到快乐和自由！

听我母亲后来跟我讲，在我降生的时候，有一只喜鹊叼着一根橄榄枝放在了产房的窗上，所有人都认为这是佛赐祥瑞；而我后来也一直将这根橄榄枝带在身边，并时常对着它祈祷。由于我的父亲对佛教的诚信，使我在很小的时候，就有机会接触到佛教经典，受到佛法的熏陶。我小时候刚开始识字，就跟着我的大娘，也就是我父亲的妻子，学习念诵《大悲咒》和《往生咒》；而我的嫂子也经常教我背诵《心经》和《金刚经》等。虽然那时我根本就不明白这些佛经的含义，也无从知晓它们的教理，但是我很喜欢念经时那种空灵的感受，也只有在这时我能感受到平等和安详。而我想，这也许成为我今后出家的引路标。

我小时候，六七岁的样子，就跟着我的哥哥文熙开始读书识字，并学习各种待人接物的礼仪，那时我哥哥已经二十岁了。由于我们家是书香门第，又是当地数一数二的官商世家，所以一直就沿袭着严格的教育理念，因此，我哥哥对我方方面面的功课，都督教得异常严格，稍有错误必加以严惩。我自小就在这样严厉的环境中长大，这使我从小就没有了小孩子应有的天真活泼，也使我的天性遭到了压抑而导致有些扭曲。但是有一点不得不承认，那就是这种严格施教对于我后来所养成的严谨认真的学习习惯和生活作风是起了决定作用的，而我后来的一切成就几乎都是得益于此，也由此我真心地感激我的哥哥。

当我长到八九岁时，就拜在常云政先生门下，成为他的入室弟子，开始攻读各种经史子集，并开始学习书法、金石等技艺。在我十三岁那年，天津的名士赵幼梅先生和唐静岩先生开始教我填词和书法，使我在诗词书画方面得到了很大的提高，功力也较以前深厚了。为了考取功名，我对八股文下了很大的功夫，也因此得以在天津县学加以训练。在我十六岁的时候，我有了自己的思想，因过去所受的压抑而造成的"反叛"倾向也开始抬头了。我开始对过去刻苦学习是为了报国济世的思想不那么热衷了，却对文艺产生了浓厚的兴趣，尤其是戏曲，也因此成了一个不折不扣的票友。在此期间，我结识过一个叫杨翠喜的艺人，我经常去听她唱戏，并送她回家，只可惜后来她被官家包养，后来又嫁给一个商人做了妾。

由此后我也有些惆怅，而那时我哥哥已经是天津有名的中医大师了，但是有一点我很不喜欢，就是他为人比较势利，攀权倚贵、嫌贫爱富。我曾经把我的看法向他说起，他不接受，并指责我有辱祖训，不务正业。无法，我只有与其背道而驰了，从行动上表示我的不满：对贫贱低微的人我礼敬有加，对富贵高傲的人我不理不睬；对小动物我关怀备至，对人我却不冷不热。在别人眼里我成了一个怪人，不可理喻，不过对此我倒是无所谓的。这可能是我日后看破红尘出家为僧的决定因素。

[编者按：此篇选自新世界出版社2013年版《弘一法师全集》。关于喜鹊叼橄榄枝（一曰：有鹊衔松枝降其室）及其相关的叙述，宗教文化出版社1995年版林子青编著《弘一法师年谱》中《大师姓名、别号及其家世概略》认为："此为好事者故弄玄虚，其实大师未尝自言，亲近弟子亦未曾闻，故断无此事。"]

我的人生兴趣

有人说我在出家前是书法家、画家、音乐家、诗人、戏剧家等,出家后这些造诣更深。其实不是这样的,所有这一切都是我的人生兴趣而已。我认为一个人在他有生之年应多学一些东西,不见得样样精通,如果能做到博学多闻就很好了,也不枉屈自己这一生一世。而我在出家后,拜印光大师为师,所有的精力都致力于佛法的探究上,全身心地去了解"禅"的含义,在这些兴趣上反倒不如以前痴迷了,也就荒疏了不少。然而,每当回忆起那段艺海生涯,总是有说不尽的乐趣!

记得在我十八岁那年,我与茶商之女俞氏结为夫妻。当时哥哥给了我三十万元作贺礼,于是我就买了一架钢琴,开始学习音乐方面的知识,并尝试着作曲。后来我与母亲和妻子搬到了上海法租界,由于上海有我家的产业,我可以以少东家的身份支取相当高的生活费用,也因此得以与上海的名流们交往。当时,上海城南有一个组织叫"城南文社",每月都有文学比试,我投了三次稿,有幸的是每次都获得第一名,从而与文社的主事许幻园先生成为朋友。他为我们全家在城南草堂打扫了房屋，并让我们移居了过去，在那里，我和他及另外三位文友结为金兰之好，还号称是"天涯五友"。后来我们共同成立了"上海书画公会"，每个星期都出版书画报纸，与那些志同道合的同仁们一起探讨研究书画及诗词歌赋。但是这个公会成立不久就解散了。

由于公会解散，而我的长子在出生后不久就夭折了，不久后我的母亲又过世了，多重不幸给我带来了不小的打击，于是我将母亲的遗体运回天津安葬，并把妻子和孩子一起带回天津，我独自一人前往日本求学。在日本，我就读于日本当时美术界的最高学府——上野美术学校，而我当时的老师亦是日本最有名的画家之一——黑田清辉。当时我除了学习绘画外，还努力学习音乐和作曲。那时我确实是沉浸在艺术的海洋中，那是一种真正的快乐享受。

我从日本回来后，政府的腐败统治导致国衰民困，金融市场更是惨淡，很多钱庄、票号都相继倒闭，我家的大部分财产也因此化为乌有了。我的生活也就不再像以前那样无忧无虑了，为此我到上海城东女校当老师去了，并且同时任《太平洋报》文艺版的主编。但是没多久报社被查封，我也为此丢掉了工作。大概几个月后我应聘到浙江师范学校担任绘画和音乐教员，那段时间是我在艺术领域里驰骋最潇洒自如的日子，也是我一生最忙碌、最充实的日子。

如果说人类的情欲像一座煤矿，在不同的时期有不同的方式将自己的欲望转变为巨大的能量，而这种转变会因人而异，有大有小、有快有慢、有迟有早。我可能就属于后者，来得比较缓慢了。

断食日记

丙辰,新嘉平一日始。断食后,易名欣,字叔同,黄昏老人,李息。

十一月廿二日,决定断食,祷诸大神之前,神诏断食,故决定之。

择录村井氏说:妻之经验,最初四日,预备半断食。六月五日、六日,粥、梅干。七日、八日,重汤、梅干。九日始本断食,安静。饮用水一日五合,一回一合,分五六回服用。第二日,饥饿胸烧,舌生白苔。第三、四日,肩腕痛。第四日,腹部全体凝固,体倦就床,晨轻晚重。第五日,同,稍轻减,坐起一度散步。第六日,轻减,气分爽快,白苔消失,胸烧愈。第七日,最平稳,断食期至此止。

后一日,摄重汤,轻二碗三回,梅干无味。后二日,同。后三日,粥、梅干、胡瓜,实入吸物。后四日,粥,吸物,少量刺身。后五日,粥、野菜、轻鱼。后六日,普通食,起床。此两三日,手足浮肿。

断食期内,或体痛不能眠,或下痢,或噎。便时以不下床为宜。预备断食或一周间，粥三日，重汤四日。断食后或须一周间，重汤三日，粥四日，个半月体量恢复。半断食时服リ"チネ①。

到虎跑携带品：被褥帐枕、米、梅干、杨子、齿磨、手巾、手帕、便器、衣、洒水布、リ"チネ、日记、纸、笔、书、番茶、镜。

预备期间：一日下午赴虎跑。上午闻玉去预备。中食饭，晚食粥、梅干。二日、三日、四日，粥、梅干。五日、六日、七日，重汤、梅干。八日至十七日断食。十八日、十九日、二十日，重汤、梅干。廿一日、廿二日、廿三日、廿四日，粥、梅干、轻菜食。廿五日返校，常食。廿八日返沪。

三十日晨，命闻玉携蚊帐、米、纸、糊、用具到虎跑。室宜清闲，无人迹、无人声，面南，日光遮北，以楼为宜。是晚食饭，拂拭大小便器、桌椅。

午后四时半入山，晚餐素菜六簋，极鲜美。食饭二盂，尚未餍。因明日始即预备断食，强止之，榻于客堂楼下，室面南，设榻于西隅，可以迎朝阳。闻玉设榻于后一小室，仅隔一板壁，故呼应便捷。晚燃菜油灯，作楷八十四字。自数日前病感冒，伤风微嗽，今日仍未愈。口干鼻塞、喉紧声哑，但精神如常。八时眠，夜间因楼上僧人足声时作，未能安眠。

十二月一日，晴，微风，五十度。断食前期第一日。疾稍愈，七时半起床。是日午十一时食粥二盂、紫苏叶二片、豆腐三小方，晚五时食粥二盂、紫苏叶二片、梅干一枚，饮冷水三

---

① リ"チネ：药剂名。

杯，有时混杏仁露，食小橘五枚。午后到寺外运动。

余平日之常课，为晨起冷水擦身，日光浴，眠前热水洗足。自今日起冷水擦身暂停，日光浴时间减短，洗足之热水改为温水，因欲使精神聚定，力避冷热极端之刺激也。对于后人断食者，应注意如下：

（一）未断食时练习多饮冷开水。断食初期改饮冷生水，渐次加多。因断食时日饮五杯冷水殊不易，且恐腹泻也。

（二）断食初期时之粥或米汤，于微温时食之，不可太热，因与冷水混合，恐致腹痛。

余每晨起后，必通大便一次。今晨如常，但十时后屡放屁不止。二时后又打嗝儿甚多，此为平日所无。是日书楷字百六十八，篆字百零八。夜观焰口，至九时始眠。夜嗽，多恶梦，未能入眠。

二日，晴和，五十度。断食前期第二日。七时半起床，晨起无大便，是日午前十一时食粥一盂、梅一枚、紫苏叶二片。午后五时同。饮冷水三杯，食橘子三枚，因运动归来体倦故。是日舌苔白，口内黏滞，上牙里皮脱。精神如常，但过则疲□□，运动微觉疲倦，头目眩晕。自明日始即不运动。

晚侍和尚念佛，静坐一小时，写字百三十二。是日鼻塞。摹"大同造像"一幅。原拓本自和尚假来，尚有三幅，明后续□□。八时半眠，夜梦为升高跳越运动。其处为器具拍卖场，陈设箱柜、几椅并玩具装饰品等。余跳越于上，或腾空飞行于其间，足不履地，灵捷异常，获优胜之名誉。旁观有德国工程师二人，皆能操北京语。一人谓有如此之技能，可以任远东大运动会之某种运动，必获优胜。余逊谢之。一人谓练习身体，断食最有效，吾二人已二日不食。余即告余现在虎跑断食，亦已预备二日矣。其旁又有一中国人，持一表，旁写题目，中并列长短之直红线数十条，知计算增减高低之表式，是记余跳越高低之顺序者。是人持以示余，谓某处由低而高而低之处，最不易跳越，赞余有超人之绝技。后余出门下土坡，屡遇西洋妇人，皆与余为礼，贺余运动之成功，余笑谢之。梦至此遂醒。余生平未尝为一次运动，亦未尝梦中运动，头脑中久无此思想，忽得此梦，至为可异，殆因胃内虚空，有以致之欤？

三日，晴和，五十二度。断食前第三日。七时半起床。是晨觉微饿，胸中扰乱，苦闷异常，口干，饮冷水。勉坐起披衣，头昏心乱，发虚汗作呕，力不能支，仍和衣卧少时。饮梅茶二杯，乃起床，精神疲倦，四肢无力。九时后精神稍复元，食橘子二枚。是晨尢大便，饮药油一剂，十时半软便一次，甚畅快。十一时水泻一次，精神颇佳，与平常无大异。十一时二十分食粥半盂，梅一个，紫苏一枚。摹"普泰造像""天监造像"二页。饮水，食物，喉痛，或因泉水性太烈，使喉内脱皮之故。午后四时，饮水后打嗝笃，食小梨一个，五时食粥半盂。是日感冒伤风已愈，但有时微嗽。是日午后及晚，侍和尚念佛，静坐一小时。八时半眠。入山预断以来，即不能为长时之安眠，旋睡旋醒，辗转反侧。

四日，晴和，五十三度。断食前第四日。七时半起床。是晨气闷，心跳，口渴，但较昨晨倒轻减多矣，饮冷水稍愈。起床后头微晕，四肢乏力。食小橘一枚，香蕉半个。八时半精神如常，上楼访弘声上人，借佛经三部。午后散步至山门，归来已觉微疲。是日打嗝儿甚多，口时作渴，共饮冷水四大杯。摹"大明造像"一页。写楷字八十四，篆字五十四。无大便。四时后头昏，精神稍减，食小橘二枚。是日十一时饮米汤二盂，食米粒二十余。八时就床，就床前食香蕉半个。自预备断食，每夜三时后腿痛，手足麻木（余前每逢严冬有此旧疾，但不甚剧）。

五日，晴和，五十三度。断食前第五日。七时半起床。是夜前半颇觉身体舒泰，后半夜仍腿痛，手足麻木。三时醒，口干，心微跳，较昨减轻。食香蕉半个，饮冷水稍眠。六时醒，气体甚好。起床后不似前二日之头晕乏力，精神如常，心胸愉快。到菜园采花供铁瓶。食梨半个，吐渣。自昨日起，多写字，觉左腰痛。是日腹中屡屡作响，时流鼻涕，喉中肿烂尚未愈。午后侍和尚念经，静坐一小时，微觉腰痛，不如前日之稳静。三时食梨半个，吐渣，食香蕉半个。午、晚饮米汤一盂。写字百六十二。傍晚精神稍差，恶寒口渴。本定于后日起断食，改自明日起断食，奉神诏也。

断食期内，每日饮梨汁一个之分量，饮橘汁三小个之分量，饮毕漱口。又因信仰上每晨餐供神生白米一粒。将眠，食香蕉半个。是日无大便，七时起床。是夜神经过敏甚剧，加以鼠声、人鼾声，终夜未安眠。口甚干，后半夜腿痛稍轻，微觉肩痛。

六日，晴暖，晚半阴，五十六度。断食正期第一日。八时起床。三时醒，心跳胸闷，饮冷水、橘汁及梅茶一杯。八时起床，手足乏力，头微晕，执笔作字殊乏力，精神不如昨日。八时半饮梅茶一杯。脑力渐衰，眼手不灵，写日记时有误字，多遗忘。九时半后精神稍可。十时后精神甚佳,口渴已愈。数日来喉中肿烂亦愈。今日到大殿去二次,计上下廿四级石级四次,已觉足乏力,为以往所无。是日共饮梨汁一个,橘汁二个。傍晚精神不衰,较胜昨日,但足乏力耳。仍时流鼻涕,晚间精神尤佳。是日不觉如何饥饿。晚有便意,仅放屁数个,仍无便。是夜能安眠,前半夜尤稳安舒泰。眠前以棉花塞耳,并诵神人合一之旨。夜间腿痛已愈,但左肩微痛。七时就床,梦变为丰颜之少年,自谓系断食之效。

七日,阴复晴,夜大风,五十四度。断食正期第二日。六时半起床。四时醒,心跳微作即愈,较前二日减轻。饮冷水甚多。六时半即起床,因是日头晕已减轻,精神较昨日为佳,且天甚暖,故早起床也。起床后饮橘汁一枚。晨览《释迦如来应化事迹图》。八时后精神不振,打呼欠,口塞流鼻涕,但起立行动如常。午后身体寒益甚,拥被稍息。想出食物数种,他日试为之:炒饼、饼汤、虾仁豆腐、虾子面片、什锦丝、咸胡瓜。三时起床,冷已愈,足力比昨日稍健。是日无大便,饮冷水较多。前半夜肩稍痛,须左右屡屡互易,后半夜已愈。

八日,阴,大风,寒,午后时露日光,五十度。断食正期第三日。十时起床。五时醒,气体至佳,如前数日之心跳、头晕等皆无。因天寒大风,故起床较迟。起床后精神甚佳,手足有力,到院内散步。四时半就床,午后益寒,因早就床。是日食欲稍动,有时觉饥,并默想各种食物之种类及其滋味。是夜安眠,足关节稍痛。

九日,晴,寒,风,午后阴,四十八度。断食正期第四日。八时半起床。四时醒,气体极佳,与常日无异。起床后精神如常，手足有力。朝日照入，心目豁爽。小便后尿管微痛，因饮水太多之故。自今日始不饮梨橘汁，改饮盐梅茶二杯。午后因饮水过多，胸中苦闷。是日午前精神最佳，写字八十四，到菜圃散步。午后寒，一时拥被稍息。三时起床，室内运动。是日不感饥饿。因天寒，五时半就床。

十日，晴，寒，四十七度。断食正期第五日。十时半起床。四时半醒，气体精神与昨同。起床后精神至佳。是日因寒故起床较迟。今日加饮盐汤一小杯。十一时杨、刘二君来谈，至欢。因寒，四时就床。是日写字半页。近日神经过敏已稍愈，故夜间较能安眠。但因昨日饮水过多伤胃，胃时苦闷，今日饮水较少。

十一日，阴，寒，夕晴，四十七度。断食正期第六日。九时半起床。四时半醒，气体与昨同。夜间右足微痛，又胃部终不舒畅。是日口干，因寒起床稍迟，饮盐汤半杯，饮梨汁。夕晴，心目豁爽。写字百三十八。坐檐下曝日，四时就床，因寒，早就床。是晚感谢神恩，誓必皈依。致福基书。

十二日，晨阴，大雾，寒，午后晴，四十八度。断食正期第七日。十一时起床。四时半醒，气体与昨同，足痛已愈，胃部已舒畅，口干，因寒不敢起床。十一时福基遣人送棉衣来，乃披衣起。饮梨汁及盐汤、橘汁。午后精神甚佳，耳目聪明，头脑爽快，胜于前数日。到菜圃散步，写字五十四。自昨日始，腹部有变动，微有便意，又有时稍感饥饿。是日饮水甚少。晚晴甚佳，四时半就床。

十三日，晨半晴阴，后晴和，夕风，五十四度。断食后期第一日。八时半起床。气体与昨同，晨饮淡米汤二盂，不知其味，屡有便意，口干后愈。饮梨汁、橘汁，十一时饮浓米汤一盂，食梅干一个，不知其味。十时服泻油少许，十一时半大便一次甚多，便色红，便时腹微痛，便后渐觉身体疲弱，手足无力。午后勉强到菜圃一次。是日不饮冷水。午前写字五十四。是日身体疲倦甚剧，断食正期未尝如是。胃口未开，不感饥饿，尤不愿饮米汤，是夕勉饮一盂，不能再多饮。

十四日，晴，午前风，五十度。断食后期第二日。七时半起床。气体与昨同，夜间较能安眠。五时饮米汤一盂。口干，起床后精神较昨佳。大便轻泻一次，又饮米汤一盂，饮橘汁，食苹果半枚。是日因米汤、梅干与胃口不合，于十时饮薄藕粉一盂，炒米糕二片，极觉美味，精神亦骤加。精神复元，是日极愉快满足，一时饮薄藕粉一盂，米糕一片。写字三百八十四。腰腕稍痛，暗记诵《神乐歌·序章》。四时食稀粥一盂，咸蛋半个，梅干一个。是日不感十分饥饿，如是已甚满足。五时半就床。

十五日，晴，四十九度。断食后期第三日。七时起床，夜间渐能眠，气体无异平时。拥衾饮茶一杯，食米糕三片。早食藕粉米糕，午前到佛堂菜圃散步，写字八十四。午食粥二盂，青菜、咸蛋少许。夕食芋四个，极鲜美。食梨一个，橘二个。敬抄《御神乐歌》二页，暗记诵一、二、三下目。晚饮粥二盂，青菜、咸蛋，少许梅干。晚食粥后，又食米糕，饮茶，未能调和，胃不合，终夜屡打嗝儿，腹鸣。是日无大便。七时就床。

十六日，晴，四十九度。断食后期第四日。七时半起床。晨饮红茶一杯，食藕粉、芋。午食薄粥三盂，青菜、芋大半碗，极美，有生以来不知菜、芋之味如是也。食橘、苹果。晚食与午同。是日午后出山门散步，诵《神乐歌》，甚愉快。入山以来，此为愉快之第一日矣。敬抄《神乐歌》七页，暗记诵四、五下目。晚食后食烟一服。七时半就床，夜眠较迟，胃甚安，是日无大便。

十七日，晴暖，五十二度。断食后期第五日。七时起床。夜间仍不能多眠，晨饮泻油极少量。晨餐浓粥一盂、芋五个，仍不足，再食米糕三片，藕粉一盂。九时半，大便一次，极畅快。到菜圃诵《御神乐歌》。中膳，米饭一盂，粥二盂，油炸豆腐一碗。本寺例初一、十五始食豆腐，今日特因僧人某死，葬资有余，故以之购食豆腐。午前后到山门外散步二次。拟定出山后剃须。闻玉采萝卜来，食之至甘。晚膳粥三盂，豆腐青菜一盂，极美。今日抄《御神乐歌》五页，暗记诵六下目。作书寄普慈。是日大便后愉快，晚膳后尤愉快。坐檐下久。拟定今后更名欣，字叔同。七时半就床。

十八日，阴，微雨，四十九度。断食后期最后一日。五时半起床。夜间酣眠八小时，甚畅快，入山以来未之有也。是晨早起，因欲食寺中早粥。起床后大便一次，甚畅。六时半食浓粥三盂，豆腐青菜一盂，胃甚胀。坐菜圃小屋诵《神乐歌》，今日暗记诵七下目，敬抄《神乐歌》八页。午，食饭二盂，豆腐青菜一盂，胃胀大，食烟一服。午后到山中散步，足力极健。采干花草数枝，松子数个。晚食浓粥二盂，青菜半盂，仅食此不敢再多，恐胃胀也。餐后胸中极感愉快。灯下写字五十四，辑订断食中字课，七时半就床。

十九日，阴，微雨，四时半起床。午后一时出山归校。嘱托闻玉事件：晚饭菜、橘子、做衣服附袖头（廿二要）、轿子油布、轿夫选择、新蚊帐、夜壶。自己事件：写真、付饭钱、致普慈信。

我出家的原因

导致我出家的因素有很多,其中不乏小时候的家庭熏染,而有一些应该归功于我在浙江师范的经历。那种忙碌而充实的生活,将我在年轻时沾染上的一些所谓的名士习气洗刷干净,让我更加注重的是为人师表的道德修养的磨炼。因此,我感受到了前所未有的清静和平淡,一种空灵的感觉在不知不觉中升起,并充斥到我的全身,就像小时候读佛经时的感觉,但比那时更清澈和明朗了。

民国初期,我来到杭州虎跑寺进行断食修炼,并于此间感悟到佛教的思想境界,于是便受具足戒,从此成为一介比丘,与孤灯、佛像、经书终日相伴。如果谈到我为何要选择在他人看来正是声名鹊起,该急流勇进的时候出家,我自己也说不太清楚,但我记得导致我下出家决心的是我的朋友夏丏尊,他对我讲了一件事,他说他在一本日本杂志上看到一篇关于绝食修行的方法,这种方法可以帮助身心进行更新,从而达到除旧换新、改恶向善的目的,使人生出伟大的精神力量。他还告诉了我一些实行的方法及注意事项,并给了我一本参考书。我对此产生了浓厚的兴趣，总想找机会尝试一下，看看对自己的身心修养有没有帮助。这个念头产生后，就再也控制不了了，于是在当年暑假期间我就到寺中进行了三个星期的断食修炼。

修炼的过程还是很顺利的。第一个星期逐渐减少食量到不食，第二个星期除喝水以外不吃任何食物，第三个星期由喝粥逐渐增加到正常饮食。断食期间，并没有任何痛苦，也没有感到任何的不适，更没有心力交瘁、软弱无力的感觉；反而觉得身心轻快了很多、空灵了很多，心的感受力比以往更加灵敏了，并且颇有文思和洞察力，感觉就像脱胎换骨过了一样。

断食修炼后不久的一天，由一个朋友介绍来的彭先生，也来到寺里住下，不承想他只住了几天，就感悟到身心的舒适，竟由住持为其剃度，出家当了和尚。我看了这一切，受到极大的撞击和感染，于是由悟禅师为我定了法名为"演音"，法号是"弘一"。但是我只皈依了三宝，没有剃度，成为一个在家修行的居士。我本想就此以居士的身份住在寺里进行修持，因为我也曾经考虑到出家的种种困难。然而我一个好朋友说的一句话，让我彻底下了出家为僧的决心。

在我成为居士并住在寺里后，我的那位好朋友再三邀请我到南京高师教课，我推辞不过，于是经常在杭州和南京两地奔走，有时一个月要数次。朋友劝我不要这样劳苦，我说："这是信仰的事情，不比寻常的名利，是不可以随便迁就或更改的。"我的朋友后悔不该强行邀请我在高师任教，于是我就经常安慰他，这反倒使他更加苦闷了。终于，有一天他对我说:"与其这样做居士究竟不彻底,不如索性出家做了和尚,倒清爽!"这句话对我犹如醍醐灌顶,一语就警醒了我。是呀,做事做彻底,不干不净的很是麻烦。于是在这年暑假,我就把我在学校的一些东西分给了朋友和校工们,仅带了几件衣物和日常用品,回到虎跑寺剃度做了和尚。

有很多人猜测我出家的原因,而且争议颇多。我并不想去昭告天下,我为啥出家,因为每个人做事有每个人的原则、兴趣、方式方法以及对事物的理解,这些本就是永远不会相同的,就是说了他人也不会理解,所以干脆不说,慢慢他人就会淡忘的。至于我当时的心境,我想更多的是为了追求一种更高、更理想的方式,以教化自己和世人!

我在西湖出家的经过

杭州这个地方，实堪称为佛地，因为那边寺庙之多，有两千余所，可想见杭州佛法之盛了。

最近越风社要出关于《西湖增刊》，由黄居士来函，要我做一篇《西湖与佛教之因缘》。我觉得这个题目的范围太广泛了，而且又无参考书在手，于短期内是不能做成的，所以，现在就将我从前在西湖居住时，把那些值得追味的几件零碎的事情来说一说，也算是纪念我出家的经过。

一

我第一次到杭州是光绪二十八年（1902）七月。在杭州住了约莫一个月光景，但是并没有到寺院里去过。只记得有一次到涌金门外去吃过一回茶而已，同时也就把西湖的风景稍为看了一下子。

第二次到杭州是民国元年（1912）的七月里。这回到杭州倒住得很久，一直住了近十年，可以说是很久的了。我的住处在钱塘门内，离西湖很近，只两里路光景。在钱塘门外，靠西湖边有一所小茶馆，名"景春园"，我常常一个人出门，独自到景春园的楼上去吃茶。

当民国初年的时候，西湖那边的情形，完全与现在两样，那时候还有城墙及很多柳树，都是很好看的。除了春秋两季的香会之外，西湖边的人总是很少，而钱塘门外更是冷静了。

在景春园的楼下，有许多的茶客，是那些摇船抬轿的劳动者居多，而在楼上吃茶的就只有我一个人了。所以，我常常一个人在上面吃茶，同时还凭栏看着西湖的风景。

在茶馆的附近，就是那有名的大寺院——"昭庆寺"了。我吃茶之后，也常常顺便到那里去看一看。

民国二年（1913）夏天，我曾在西湖的广化寺里住了好几天，但是住的地方却不在出家人的范围之内，是在该寺的旁边，有一所叫作"痘神祠"的楼上。痘神祠是广化寺专门为着要给那些在家的客人住的。我住在里面的时候，有时也曾到出家人的地方去看看，心里却感觉很有意思呢！

记得那时我亦常常坐船到湖心亭去吃茶。

曾有一次，学校有一位名人来演讲，那时，我和夏丏尊居士两人却出门躲避，而到湖心亭去吃茶了。当时夏丏尊曾对我说："像我们这种人，出家做和尚倒是很好的。"那时候我听到这句话，就觉得很有意思。这可以说是我后来出家的一个远因了。

二

到了民国五年（1916）的夏天，我因为看到日本杂志中，有说及关于断食可以治疗各种疾病，当时我就起了一种好奇心，想来断食一下。因为我那时患有神经衰弱症，若实行断食后，或者可以痊愈亦未可知。要行断食时，须于寒冷的季候方宜。所以，我便预定十一月作断食的时间。

至于断食的地点呢，总须先想一想，考虑一下，似觉总要有个很幽静的地方才好。当时我就和西泠印社的叶品三君来商量，结果他说在西湖附近的地方，有一所虎跑寺，可作为断食的地点。

那么，我就问他："既要到虎跑寺去，总要有人来介绍才对。究竟要请谁呢？"他说："有一位丁辅之，是虎跑寺的大护法，可以请他去说一说。"于是他便写信请丁辅之代为介绍了。

因为从前那个时候的虎跑，不是像现在这样热闹的，而是游客很少，且十分冷静的地方啊。若用来作为我断食的地点，可以说是最相宜的了。

到了十一月的时候，我还不曾亲自到过。于是我便托人到虎跑寺那边去走一趟，看看在哪一间房里住好。看的人回来说："在方丈楼下的地方倒很幽静。因为那边的房子很多，且平常时候都是关起来，游客是不能走进去的。而在方丈楼上，则只有一位出家人住着而已，此外并没有什么人居住。"

等到十一月底，我到了虎跑寺，就住在方丈楼下的那间屋子里了。我住进去以后，常常看见一位出家人在我的窗前经过，即是住在楼上的那一位。我看到他却十分的喜欢呢！因此，就时常和他来谈话；同时，他也拿佛经来给我看。

我以前虽然从五岁时，即时常和出家人见面，时常看见出家人到我的家里念经及拜忏，于十二三岁时，也曾学了放焰口；可是并没有和有道德的出家人住在一起，同时，也不知道寺院中的内容是怎样，以及出家人的生活又是如何。这回到虎跑去住，看到他们那种生活，却很欢喜而且羡慕起来了。

我虽然在那边只住了半个多月，但心里头却十分愉快，而且对于他们所吃的菜蔬，更是欢喜吃。及回到了学校以后，我就请佣人依照他们那样的菜煮来吃。

这一次我到虎跑寺去断食，可以说是我出家的近因了。

三

及到民国六年（1917）的下半年，我就发心吃素了。

在冬天的时候，我即请了许多佛经，如《普贤行愿品》《楞严经》《大乘起信论》等，而于自己的房里，也供起佛像来，如地藏菩萨、观世音菩萨等的像，于是亦天天烧香了。

到了这一年放年假的时候，我并没有回家去，而是到虎跑寺里面去过年了。我仍旧住在方丈楼下。那个时候，则更觉得有兴味了，于是就发心出家。同时就想拜那位住在方丈楼上的出家人做师父，他的名字是弘祥师。可是他不肯我去拜他，而介绍我拜他的师父。他的师父是在松木场护国寺里居住的，于是他就请他的师父回到虎跑寺来，而我也就于民国七年（1918）正月十五日受三皈依了。

我打算于此年的暑假来入山。预先在寺里住了一年后,然后再实行出家的。当这个时候,我就做了一件海青,及学习两堂功课。

在二月初五日那天,是我母亲的忌日,于是我就先于两天以前到虎跑去,在那边诵了三天的《地藏经》,为我的母亲回向。

到了五月底的时候,我就提前先考试,而于考试之后,即到虎跑寺入山了。到了寺中一日以后,即穿出家人的衣裳,而预备转年再剃度的。

及至七月初,夏丏尊居士来,他看到我穿出家人的衣裳但还未出家,他就对我说:"既住在寺里面,并且穿了出家人的衣裳,而不即出家,那是没有什么意思的,所以还是赶紧剃度好。"

我本来是想转年再出家的,但是承他的劝,于是就赶紧出家了。便于七月十三那一天,相传是大势至菩萨① 的圣诞,所以就在那天落发。

落发以后仍须受戒的,于是由林同庄君介绍,而到灵隐寺去受戒了。

灵隐寺是杭州规模最大的寺院,我一向对它是很欢喜的。我出家以后,曾到各处的大寺院看过,但是总没有像灵隐寺那么的好。

八月底,我就到灵隐寺去。寺中的方丈和尚却很客气,

---

① 大势至菩萨:即大势至菩萨摩诃萨,为西方极乐世界阿弥陀佛的右胁侍者,西方三圣之一。

叫我住在客堂后面芸香阁的楼上。当时是由慧明法师做大师父的。有一天，我在客堂里遇到这位法师了。他看到我时，就说起："既是来受戒的，为什么不进戒堂呢？虽然你在家的时候是读书人，但是读书人就能这样地随便吗？就是在家时是一个皇帝，我也是一样看待的！"那时方丈和尚仍是要我住在客堂楼上，而于戒堂里有了紧要的佛事时，方命我去参加一两回的。

那时候，我虽然不能和慧明法师时常见面，但是看到他那忠厚笃实的容色，却是令我佩服不已的！

受戒以后，我仍回到虎跑寺居住。到了十二月底，即搬到玉泉寺去住。以后即常常到别处去，没有久住在西湖了。

四

曾记得在民国十二年（1923）夏天的时候，我曾到杭州去过一回。那时正是慧明法师在灵隐寺讲《楞严经》的时候。开讲的那一天，我去听他说法。因为好几年没有看到他，觉得他已苍老了不少，头发且已斑白，牙齿也大半脱落。我当时大为感动，于拜他的时候，不由泪落不止。听说以后没有经过几年工夫，慧明法师就圆寂了。

关于慧明法师一生的事迹，出家人中晓得的很多，现在，我且举几样事情来说一说。

慧明法师是福建汀州人。他穿的衣服毫不考究，看起来很不像法师的样子，但他待人是很平等的，无论你是"大好佬"或是"苦恼子"，他都是一样地看待。所以凡是出家、在

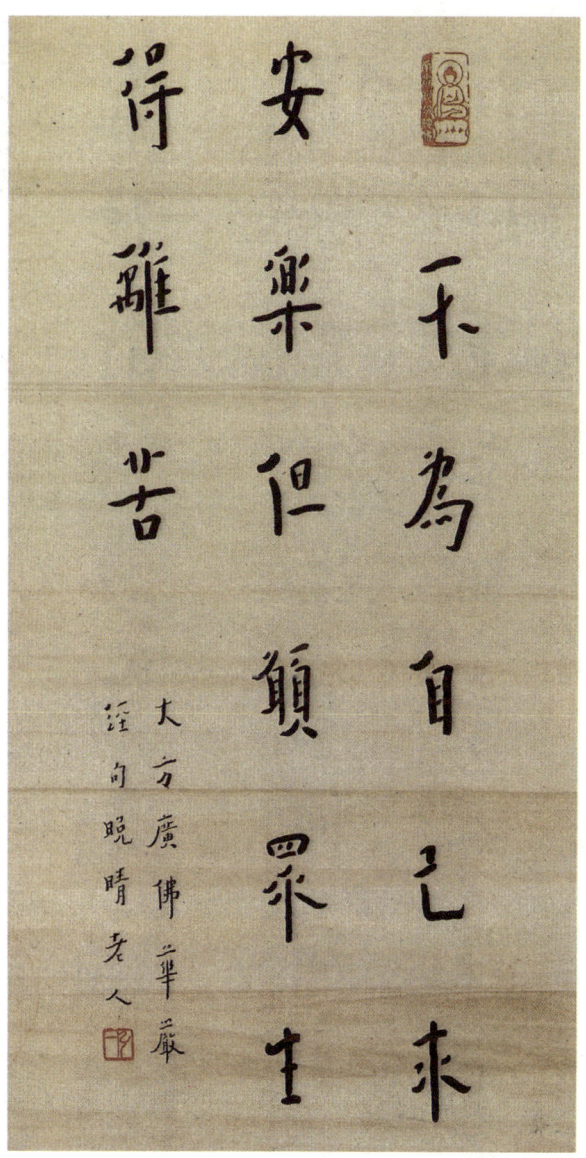

弘一法师书《华严经》偈颂

有陰德者必有陽報
有隱行者必有顯名

作惡事須防鬼神知
幹好事莫怕旁人笑

我身语意未曾恼害於一眾生如我
心者當於未来受苦悉不發
生一念之意与一蟻而作苦事
況復人耶恒以智慧知諸世間如
幻如影如梦如化

華嚴經句

譚松居士鑒詧 晚晴老人書

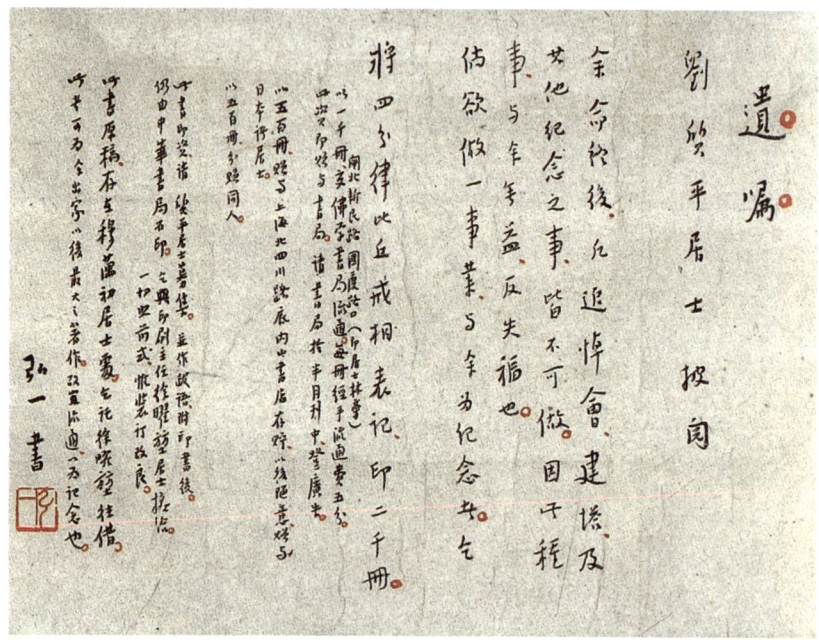

弘一法师手书遗嘱

家的上中下各色各样的人物，对于慧明法师是没有一个不佩服的。

他老人家一生所做的事情固然很多，但是最奇特的，就是能教化"马溜子"①了。

寺院里是不准这班马溜子居住的，他们总是住在凉亭里的时候为多。听到各处的寺院有人打斋的时候，他们就会赶斋②去。

在杭州这一带地方，马溜子是特别来得多。一般人总不把他们当人看待，而他们亦自暴自弃，无所不为的。但是慧明法师却能够教化马溜子呢！那些马溜子常到灵隐寺去看慧明法师，而他老人家却待他们很客气，并且布施他们种种好饭食、好衣服等。他们要什么就给什么，而慧明法师也有时对他们说几句佛法，以资感化。

慧明法师的腿是有毛病的，出来入去的时候，总是坐轿子居多。有一次，他从外面坐轿回灵隐时，下了轿后，旁人看到慧明法师是没有穿裤子的，他们都觉得奇怪，于是就问他道："法师为什么不穿裤子呢？"他说他在外面碰到了马溜子，因为向他要裤子，所以他连忙把裤子脱给他了。关于慧明法师教化马溜子的事，外边的传说很多很多，我不过略举了这几样而已。不单那些马溜子对于慧明法师有很深的钦佩和信仰，即其他一般出家人，亦无不佩服的。

因为多年没有到杭州去了，西湖边上的马路、洋房，也渐

---

① 马溜子：对出家混混的称呼。
② 赶斋：此处指吃白饭。

渐修筑得很多,而汽车也一天比一天地增加。回想到我以前在西湖边上居住时,那种闲静幽雅的生活,真是如同隔世,现在只能托之于梦想了!

我皈依佛教的精神上的出生地

我一生中的大部分岁月都是在南方度过的,这其中,杭州是我人生道路发生重大转变的地方。作为一名高校的艺术教师,我在浙一师①的六年执教生涯中业绩斐然,作为一个诸艺略通的人,那段时期也该算我艺术创作的一个鼎盛期吧;然而更重要的是,在杭州,我找到了自己精神上的归宿,最终步入了佛门。

民国元年(1912)三月,我接受浙江两级师范学堂②教务长经亨颐的邀请,来该校任教。我之所以决定辞去此前在上海《太平洋报》极为出色的主编工作,除了经亨颐的热情邀请之外,西湖的美景也是一个重要的原因。经亨颐就曾说:"我本性淡泊,辞去他处厚聘,乐居于杭,一半勾留是西湖。"

我那时已人到中年,而且渐渐厌倦了浮华声色,内心渴望一份安宁和平静,生活方式也渐渐变得内敛起来。我早在《太平

---

① 浙一师:即浙江第一师范学校。
② 浙江两级师范学堂:次年更名为浙江第一师范学校。

洋报》任职期间，平日里便喜欢离群索居，几乎是足不出户。而在这之前，无论是在我的出生和成长之地天津，还是在我"二十文章惊海内"的上海，抑或是在我渡洋留学以专攻艺术的日本东京，我一直都生活在风华旋裏的氛围之中，随着这种心境的转变，到杭州来工作和生活，便成了一个再合适不过的选择。

民国七年（1918）农历七月十三，相传是大势至菩萨的圣诞，我便于这一天在虎跑寺正式剃发出家了，法名演音，号弘一。

到了九月下旬，我移锡灵隐受戒。正是在受戒期间，我辗转披读了马一浮①送我的两本佛门律学典籍，分别是明清之际的二位高僧蕅益智旭与见月宝华所著的《灵峰毗尼事义集要》和《宝华传戒正范》，不禁悲欣交集，发愿要让其时弛废已久的佛门律学重光于世。可以说，我后来的一切事务就是从事对佛教律学的研究，如果说因此取得了一点成绩，也正是由此开始起步的。

对于我的出家，历来众说纷纭，莫衷一是。其实，我为此写过一篇《我在西湖出家的经过》，对于自己出家的缘由与经过作了详细的介绍，无论如何，这在我看来，佛教为世人提供了一条对医治"生命无常"这一人生根本苦痛的道路，这使我觉得，没有比依佛法修行更为积极和更有意义的人生之路。当人们试图寻找各种各样的原因来解释我走向佛教的原因之时，不要忘记，最重要的原因其实正是来自佛教本身。就我皈依佛教而言，杭州可以说是我精神上的出生地。

---

① 马一浮（1883—1967）：浙江绍兴人。中国学者、诗人、书法家。贯通文史哲，融会儒释道。撰有《复性书院讲录》六卷。

选择律学为我毕生的研究方向

由于我出家后，总是选择清静祥和的地方，要么闭关诵读佛经，要么就是从事写作，有时为大众讲解戒律修持，所以人们经常感到我行踪不定，找不到我。其实佛法无处不在，有佛法的地方就会有我。而我对佛教戒律学的研究可说是情有独钟，我不仅夜以继日地加以研究，就算倾泻我毕生的精力也在所不惜！而且我出家后，认定了弘扬律学的精要，一直都过着持律守戒的生活。这种生活对我的修行起了很大的帮助。

我最初接触律学，主要是朋友马一浮居士送给我的一本名叫《灵峰毗尼事义集要》和一本名叫《宝华传戒正范》的书，我非常认真地读过后，真是悲欣交集，心境通彻，亦因此下定决心要学戒，以弘扬正法。

《灵峰毗尼事义集要》是明末高僧蕅益智旭法师的精神旨要，《宝华传戒正范》是明末的见月宝华法师为传戒所制定的戒律标准。我仔细研读了两位前辈大德的著作后，由衷地感叹大师的修行法旨，也不得不发出感慨，慨叹现在的佛门戒律颓废，很多的僧人没有真正的戒律可以遵守，如果长久下去，佛法将无法长存，僧人也将不复存在了，这是我下决心学习律学的原因。我常想，我们在此末法时节，所有的戒律都是不能得的，其中有很多的原因。而现在没有能够传授戒律的人，长此以往我认为僧种可能就断绝了。请大家注意，我所说的"僧种断绝"，不是说中国没有僧人了，而是说真正懂得戒律和能遵守戒律的僧人不复存在了！

想到这些后，我于民国十年（1921）到温州庆福寺进行闭关修持，后又学习南山律。经过长时间的研究和习作后，我便在西湖玉泉寺，用了四年的时间，撰写了《四分律比丘戒相表记》。从这本书中不难看出，我所从事的佛学思想体系，是以华严为境，四律为行，导归净土为果的。

像我这样初入佛门，便选择了律学为我毕生的研究方向的僧人，是非常少见的，这令我很伤感。如果能有更多的僧人像我这样，持戒守律，那么佛法的发扬光大将不是难事！

我出家二十年的感悟

从我出家以后,一直到现在,近二十年的时间里,我一直在修持戒律,并且一直不曾化缘、修庙、剃度徒众,也不曾做过住持或监院之类的职务,甚至极少接受一般人的供养。有的时候供养确实无法推却,只好收下,然后转给寺庙。至于我个人的日常花用,一般是由我过去的几位朋友或学生来赞助的。因为我自开始修持戒律后,从律学的角度来讲,随便收受他人的馈赠,即便是施主真心真意的供养,也是犯了五戒中的盗戒。再者说,随便收受他人的馈赠,会滋养恶习,不利于修行,更不利于佛法的参悟,所以我对金钱方面的事情,极为注意,丝毫不敢懈怠。记得我在出家后的第三年时,有一位上海的居士寄钱给我,让我买僧衣和日常用品,我把钱退了回去,并婉言相告表示谢意。

在我出家的这二十年时间里,我先后在杭州的玉泉寺、嘉兴精严寺、衢州莲华寺、温州庆福寺等数十处寺庙住过,其中在温州的时间最长。现在这几年一直住在闽南,主要是在泉州和厦门。在闽南的这段时间,我一直是在写书,并将写成的书向僧众们讲解,将宣传戒律的决心付诸行动。

在闽南是我宣扬戒律最重要的时期,而其间让我感到欣慰的是,每到一处讲解戒律时,都会有众多的僧人前来听录,他们都非常认真。这前后跟我经常在一起的有性常、义俊、瑞今、广洽等十余人,他们都为我宣讲律学给予了不少的帮助。

自此可见,佛法的真实理论和修行的严谨方法,是众多出家人都渴望得到的,也因此我不再害怕佛法不能弘扬了。看来作为一个学道的人,只要心中有春意,就不用世俗的享受来愉悦自己,倒是世间的一切,均可以使自己感到快乐。更何况是为解脱世间众多受苦人的事业而努力,只要有一点成绩和希望,我们都应感到欣喜!

另外对于佛教之简易修持法以及我与永春的因缘简述一下:我到永春的因缘,最初发起,是在三年之前,性愿老法师常常劝我到此地来,又常提起普济寺是如何如何的好。两年以前的春天,我在南普陀讲律圆满以后,妙慧师便到厦门请我到此地来,那时因为学律的人要随行的太多,而普济寺中设备未广,不能够收容,不得已而中止。是为第一次欲来未果。是年的冬天,有位善兴师,他持着永春诸善友一张请帖,到厦门万石岩去,要接我来永春。那时因为已先应了泉州草庵之请,故不能来永春。是以第二次没有来成。

去年的冬天,妙慧师再到草庵来接。本想随请前来,不意过泉州时,又承诸善友挽留,不得已而延期至今春。是为第三次也没有来成。

直至今年半个月以前,妙慧师又到泉州劝请,是为第四次。因大众既然有如此的盛意,故不得不来。其时在泉州各地讲经,很是忙碌,因此又延搁了半个多月。今得来到贵处,和诸位善友相见,我心中非常欢喜。自三年前就想到此地来,屡次受了事情所阻,现在得来,满其多年的夙愿,更可说是十分的欢喜了!

南闽十年之梦影

丁丑年二月十六日，南普陀寺佛教养正院讲

我一到南普陀寺，就想来养正院和诸位法师讲谈讲谈，原定的题目是《余之忏悔》，说来话长，非十几小时不能讲完。近来因为讲律，须得把讲稿写好，总抽不出一个时间来，心里又怕负了自己的初愿，只好抽出很短的时间，来和诸位谈谈，谈我在南闽十年中的几件事情。

我第一回到南闽，在民国十七年（1928）的十一月，是从上海来的。起初还是在温州，我在温州住得很久，差不多有十年光景。

由温州到上海，是为着编辑《护生画集》的事，和朋友商量一切。到十一月底，才把《护生画集》编好。

那时我听人说，尤惜阴居士也在上海。他是我旧时很要好的朋友，我就想去看一看他。一天下午，我去看尤居士，居士说："要到暹罗国去，第二天一早就要动身的。"我听了觉得很喜欢，于是也想和他一道去。

我就在十几小时中，急急地预备着。第二天早晨，天还没大亮，就赶到轮船码头，和尤居士一起动身到暹罗国去了。

从上海到暹罗，是要经过厦门的，料不到这就成了我来厦门的因缘。十二月初，到了厦门，承陈敬贤居士的招待，也在他们的楼上吃过午饭，后来陈居士就介绍我到南普陀寺来。那时的南普陀，和现在不同，马路还没有建筑，我是坐着轿子到寺里来的。

到了南普陀寺，就在方丈楼上住了几天。时常来谈天的，有性愿老法师、芝峰法师等。芝峰法师和我同在温州，虽不曾见过面，却是很相契的。现在突然在南普陀寺晤见了，真是说不出的高兴。

我本来是要到暹罗去的，因着诸位法师的挽留，就留滞在厦门，不想到暹罗国去了。

在厦门住了几天，又到小雪峰那边去过年，一直到正月半以后才回到厦门，住在闽南佛学院的小楼上，约莫住了三个月工夫。看到院里面的学僧虽然只有二十几位，他们的态度都很文雅，而且很有礼貌，和教职员的感情也很不差，我当时很赞美他们。

这时芝峰法师就谈起佛学院里的课程来。他说："门类分得很多，时间的分配却很少，这样下去，怕没有什么成绩吧！"因此，我表示了一点意见，大约是说："把英文和算术等删掉，佛学却不可减少，而且还得增加，就把腾出来的时间教佛学吧！"他们都很赞成。听说从此以后，学生们的成绩确比以前好得多了！

我在佛学院的小楼上，一直住到四月间，怕将来的天气更会热起来，于是又回到温州去。

第二回到南闽，是在民国十八年（1929）十月。起初在南普陀寺住了几天,以后因为寺里要做水陆,又搬到太平岩去住。等到水陆圆满,又回到寺里,在前面的老功德楼住着。

当时闽南佛学院的学生,忽然增加了两倍多,有六十多位,管理方面不免感到困难。虽然竭力地整顿,终不能恢复以前的样子。不久,我又到小雪峰去过年,正月半才到承天寺来。

那时性愿老法师也在承天寺,在起草章程,说是想办什么研究社。

不久,研究社成立了,景象很好,真所谓"人才济济",很有一种难以形容的盛况。现在妙释寺的善契师、南山寺的传证师,以及已故南普陀寺的广究师……都是那时候的学僧哩!

研究社初办的几个月间,常住的经忏很少,每天有工夫上课,所以成绩卓著,为别处所少有。当时我也在那边教了两回写字的方法,遇有闲空,又拿寺里那些古版的藏经来整理整理,后来还编成目录,至今留在那边。这样在寺里约莫住了三个月,到四月,怕天气要热起来,又回到温州去。

民国二十年(1931)九月,广洽法师写信来,说很盼望我到厦门去。当时我就从温州动身到上海,预备再到厦门,但许多朋友都说时局不大安定,远行颇不相宜,于是我只好仍回温州。直到转年十月,到了厦门,计算起来,已是第三回了。

到厦门之后,由性愿老法师介绍,到山边岩去住,但其间妙释寺也去住了几天。那时我虽然没有到南普陀来住,但佛学院的学僧和教职员,却是常常来妙释寺谈天的。

民国二十二年(1933)正月廿一日,我开始在妙释寺讲律。这年五月,又移到开元寺去。

当时许多学律的僧众,都能勇猛精进,一天到晚地用功,从没有空过的工夫,就是秩序方面也很好,大家都啧啧地称赞着。

有一天,已是黄昏时候了,我在学僧们宿舍前面的大树下立着,各房灯火发出很亮的光,诵经之声又复朗朗入耳,一时心中觉得有无限的欢慰!可是这种良好的景象,不能长久地继续下去,恍如昙花一现,不久就消失了。但是当时的景象,却很深地印在我的脑中,现在回想起来,还如在大树底下目睹一般。这是永远不会消灭,永远不会忘记的啊!

十一月,我搬到草庵来过年。

民国二十三年(1934)二月,又回到南普陀。当时旧友大半散了,佛学院中的教职员和学僧,也没有一位认识的。

我这一回到南普陀寺来,是准了常惺法师的约,来整顿学僧教育的。后来我观察情形,觉得因缘还没有成熟,要想整顿,一时也无从着手,所以就作罢了。此后并没有到闽南佛学院去。

讲到这里,我顺便将我个人对于学僧教育的意见,说明一下:

我平时对于佛教是不愿意去分别哪一宗、哪一派的,因为我觉得各宗各派,都各有各的长处。但是有一点,我以为无论哪一宗、哪一派的学僧,却非深信不可,那就是佛教的基本原则,就是深信善恶因果报应的道理:善有善报,恶有恶报。同时,还须深信佛菩萨的灵感!这不仅初级的学僧应该这样,就是升到佛教大学也要这样!

善恶因果报应和佛菩萨的灵感道理,虽然很容易懂,可是能彻底相信的却不多。这所谓信,不是口头说说的信,是要内心切切实实去信的呀!咳!这很容易明白的道理,若要切切实实地去信,却不容易啊!

我以为无论如何,必须深信善恶因果报应和诸佛菩萨灵感的道理,才有做佛教徒的资格!须知善有善报,恶有恶报,这种因果报应,是丝毫不爽的!又须知我们一个人所有的行为,一举一动,以至起心动念,诸佛菩萨都看得清清楚楚!一个人若能这样十分决定地信着,他的品行道德,自然会一天比一天地高起来!要晓得我们出家人,就所谓"僧宝",在俗家人之上,地位是很高的,所以品行道德,也要在俗家人之上才行!

倘品行道德仅能和俗家人相等,那已经难为情了!何况不如?又何况十分的不如呢?……咳!……这样他们看出家人就要十分的轻慢,十分的鄙视,种种讥笑的话,也接连地来了……

记得我将要出家的时候,有一位在北京的老朋友写信来劝告我,你知道他劝告的是什么?他说:"听到你要不做人,要做僧去……"咳!……我们听到了这话,该是怎样的痛心啊!他以为做僧的,都不是人,简直把僧不当人看了。你想,这句话多么厉害呀!

出家人何以不是人?为什么被人轻慢到这地步?我们都得自己反省一下,我想这原因都由于我们出家人做人太随便的缘故。种种太随便了,就闹出这样的话柄来了。至于为什么会随便呢?那就是由于不能深信善恶因果报应和诸佛菩萨灵感的道理的缘故。倘若我们能够真正深信,十分决定地信,我想就是把你的脑袋砍掉,也不肯随便的了!

以上所说，并不是单单养正院的学僧应该牢记，就是佛教大学的学僧也应该牢记，相信善恶因果报应和诸佛菩萨灵感不爽的道理！

就我个人而论，已经是将近六十的人了，出家已有二十年，但我依旧喜欢看这类的书——记载善恶因果报应和佛菩萨灵感的书。

我近来省察自己，觉得自己越弄越不像了！所以我要常常研究这一类的书，希望我的品行道德，一天高尚一天；希望能够改过迁善，做一个好人。又因为我想做一个好人，同时我也希望诸位都做好人。

这一段话，虽然是我勉励我自己的，但我很希望诸位也能照样去实行！

关于善恶因果报应和佛菩萨灵感的书，印光老法师在苏州所办的弘化社那边印得很多，定价也很低廉，诸位若要看的话，可托广洽法师写信去购请，或者他们会赠送也未可知。

以上是我个人对于学僧教育的一点意见。下面我再来说几样事情：

我于民国二十四年（1935）到惠安净峰寺去住，到十一月，忽然生了一场大病，所以我就搬到草庵来养病。这一回的大病，可以说是我一生的大纪念！

我于民国二十五年（1936）的正月，扶病到南普陀寺来。在病床上有一只钟，比其他的钟总要慢两刻，别人看到了，总是说这个钟不准。我说："这是草庵钟。"别人听了"草庵钟"三字还是不懂，难道天下的钟也有许多不同的么？现在就让我详详细细来说个明白。

我那一回大病，在草庵住了一个多月。摆在病床上的钟，是以草庵的钟为标准的。而草庵的钟,总比一般的钟要慢半点。我以后虽然移到南普陀,但我的钟还是那个样子,比平常的钟慢两刻,所以"草庵钟"就成了一个名词了。这件事由别人看来,也许以为是很好笑的吧!但我觉得很有意思,因为我看到这个钟,就想到我在草庵生大病的情形了,往往使我发大惭愧,惭愧我德薄业重。我要自己时时发大惭愧,我总是故意地把钟改慢两刻,照草庵那钟的样子,不只当时如此,到现在还是如此,而且愿尽形寿,常常如此。

以后在南普陀住了几个月,于五月间,才到鼓浪屿日光岩去,十二月仍回南普陀。

到今年民国二十六年(1937),我在闽南居住,算起来,首尾已是十年了。回想我在这十年之中,在闽南所做的事情,成功的却是很少很少,残缺破碎的居其大半,所以我常常自己反省,觉得自己的德行,实在十分欠缺!因此近来我自己起了一个名字,叫"二一老人"。什么叫"二一老人"呢?这有我自己的根据。记得古人有句诗:"一事无成人渐老。"清初吴梅村(伟业)临终的绝命词有:"一钱不值何消说。"这两句诗的开头都是"一"字,所以我用来做自己的名字,叫作"二一老人"。因此,我十年来在闽南所做的事,虽然不完满,而我也不怎样地去求它完满了!

诸位要晓得,我的性情是很特别的,我只希望我的事情失败,因为事情失败、不完满,这才使我常常发大惭愧!能够晓得自己的德行欠缺,自己的修善不足,那我才可努力用功,努力改过迁善!一个人如果事情做完满了,那么这个人就会心满意足,洋洋得意,反而增长他贡高我慢的念头,生出种种的过失来。所以还是不去希望完满的好。不论什么事，总希望它失败，失败才会发大惭愧！倘若因成功而得意，那就不得了啦！

　　我近来，每每想到"二一老人"这个名字，觉得很有意味！这"二一老人"的名字，也可以算是我在闽南居住了十年的一个最好的纪念。

前弘扬文艺之事
后以著述之业终其身

壬戌年四月初六日，温州庆福寺

致李圣章[①]

圣章居士慧览：

　　二十年来，音问疏绝。昨获长简，环诵数四，欢慰何如。任杭教职六年，兼任南京高师顾问者二年，及门数千，遍及江浙，英才蔚出，足以承绍家业者，指不胜屈，私心大慰。弘扬文艺之事，至此已可作一结束。戊午二月，发愿入山剃染，修习佛法，普利含识。以四阅月力料理公私诸事：凡油画、美术、图籍，寄赠北京美术学校（尔欲阅者可往探询之）；音乐书赠刘质平；一切杂书零物赠丰子恺（二子皆在上海专科师范，是校为吾门人辈创立）。

　　布置既毕，乃于五月下旬入大慈山（学校夏季考试，提前为之），七月十三日剃发出家，九月在灵隐受戒，始终安顺，未值障缘，诚佛菩萨之慈力加披也。出家既竟，学行未充，不

---

① 李圣章（1889—1975）：弘一法师俗侄。早年留学法国，主攻化学。历任北京大学教授及中法大学校长等职。

能利物，因发愿掩关办道，暂谢俗缘（由戊午十二月至庚申六月，住玉泉清涟寺时较多）。庚申七月，至新城贝山（距富阳六十里）居月余，值障缘，乃决意他适。于是流浪于衢、严二州者半载。辛酉正月，返杭居清涟。三月如温州，忽忽年余，诸事安适。倘无意外之阻障，将不他往。当来道业有成，或来北地与家人相聚也。音拙于辩才，说法之事，非其所长，行将以著述之业终其身耳。

比年以来，此土佛法昌盛，有一日千里之势。各省相较，当以浙江为第一。附写初学阅览之佛书数种，可向卧佛寺佛经流通处请来，以备阅览。拉杂写复，不尽欲言。

释演音疏答
四月初六日

莫嫌老圃秋容淡
犹有黄花晚节香

一

丁丑年十月十五日,厦门万石岩,致性常法师[①]

性常法师、胜进居士同览:

惠书诵悉,至用欣慰。近日厦门甚为危险,但朽人未能他往。因出家以来,素抱舍身殉教之愿。今值时缘,应居厦门,为寺院护法,共其存亡。古人诗云:"莫嫌老圃秋容淡,犹有黄花晚节香。"仁等诵此诗句,应为朽人庆幸,何须为之忧虑耶!明年正二月,倘时事安靖,朽人或往他处。大约今年即在厦门过冬也。克定师已圆寂。传贯前返安海省亲,朽人劝其决定于明年再来厦门。因朽人现寓万石岩,由小和尚照应一切,甚为周到,学律诸师亦为辅助,诸事无虑,乞仁等安心,俟明春再酌定一切。倘能早为壮烈之牺牲,则更不须顾虑及此矣。不宣。《梵网》不入难处,乃是常途,别有开缘,未可

---

① 性常法师(1912—1943):福建晋江人。

一致论也。

演音启
十月十五日

二
丁丑年十二月二十三日，厦门万石岩，致李芳远[①]

芳远童子澄览：

惠教诵悉。至用感谢！朽人已于九月廿七日归厦门。近日厦市虽风声稍紧，但朽人为护法故，不避炮弹，誓与厦市共存亡。古诗云："莫嫌老圃秋容淡，犹有黄花晚节香。"乃斯意也。吾人一生之中，晚节为最要。愿与仁等共勉之！

弘一上
十二月二十三日

---

① 李芳远（1923—1981）：福建永春人。主编《弘一大师文钞》一册。

三
己卯年十月廿五日,永春普济寺,致郑健魂①

健魂居士文席:

惠书,欣悉一一。诸荷护念,感谢无尽。向因传贯师劝,往菲延期,遂免于难,否则囚居鼓浪矣。但对付敌难,舍身殉教,朽人于四年前已有决心,曾与传贯师等言及。古诗云:"莫嫌老圃秋容淡,犹有黄花晚节香。"吾人一生之中,晚节最为要紧,愿与仁等共勉之也。属书三纸,已就,附奉上。小字一幅,俟天晴时写。将来若能与丰居士通信时,当达尊意。

谨复,不宣。

音启
十月廿五日

---

① 郑健魂:福建泉州人。时任泉州日报社社长。

遗 嘱

一
壬申年六月下旬，上虞白马湖，致刘质平[①]

刘质平居士披阅：

余命终后，凡追悼会、建塔及其他纪念之事，皆不可做。因此种事，与余无益，反失福也。

倘欲做一事业与余为纪念者，乞将《四分律比丘戒相表记》印二千册。

以一千册交佛学书局［闸北新民路国庆路口（即居士林旁）］流通。每册经手流通费五分，此资即赠与书局。请书局于《半月刊》中登广告。

以五百册赠与上海北四川路底内山书店存贮，以后赠与日本诸居士。

以五百册分赠同人。

---

① 刘质平（1896—1978）：浙江海宁人。弘一法师弟子。著名音乐家。

此书印资，请质平居士募集，并作跋语附印书后，仍由中华书局石印（乞与印刷主任徐曜垄居士接洽，一切照前式，唯装订改良）。

此书原稿，存在穆藕初居士处，乞托徐曜垄往借。

此书系为余出家以后最大之著作，故宜流通以为纪念也。

弘一书

二
壬午年九月，泉州温陵养老院，致沈彬翰①

彬翰居士文席：

前奉惠书，欣悉一一。朽人已于农历[九]月[初四]日谢世。前所发愿编辑之《南山律在家备览》，未能成就，至为歉然。唯曾别辑《盗戒释相概略问答》一卷，虽简略无足观，然亦可为最后之纪念也。附邮奉上，希受收。

谨陈，不宣。

音启

---

① 沈彬翰：江苏苏州人。时任上海佛学书局经理。

三
壬午年九月,泉州温陵养老院,致夏丏尊①

丏尊居士文席:

朽人已于[九]月[初四]日迁化。曾赋二偈,附录于后:

君子之交,其淡如水。执象而求,咫尺千里。

问余何适,廓尔亡言。华枝春满,天心月圆。

谨达,不宣。

音启

四
壬午年九月,泉州温陵养老院,致刘质平

质平居士文席:

朽人已于[九]月[初四]日谢世。曾赋二偈,附录于后:

---

① 夏丏尊(1886—1946):浙江上虞人。曾任浙江省立第一师范舍监,其后历任白马湖春晖中学、上海立达学园教师,暨南大学中国文学系主任,晚年任上海开明书店总编辑。

君子之交,其淡如水。执象而求,咫尺千里。

　　问余何适,廓尔亡言。华枝春满,天心月圆。

前所记月日,系依农历也。

谨达,不宣。

音启

第贰辑 艺海生涯

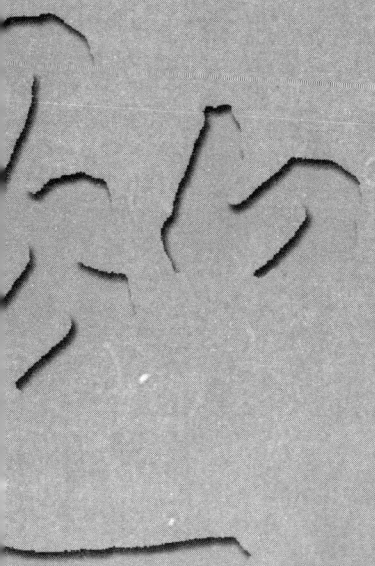

「二十文章惊海内」的弘一法师，学贯古今，兼通中西，工诗词、擅书法、通丹青、达音律、精金石，为中国文化书写了灿烂的一页。

浅谈书法

一、缘起

几位友人及学生都说我的书法好,其实是过誉了。朽人虽爱好书法、音乐等艺术,但自愧生来没有什么天赋,仅天性喜好而已!至于艺术成就,则自视没有少许悟性,所以更没有"成就"可言了。

但几位同好书法之友人一再相邀,几番推迟不得,故只好不揣浅薄,在此与大家妄谈。

为了方便大家了解,我拟从书法流派及其发展简史谈起,以助诸君知其概貌,粗窥书法之历史脉络。

二、五大书体及其流派

书法,顾名思义就是书写文字的规则或方法,用以记录或传递信息,故文字不可不重视。然而,各国的文字,因其产生之年代与人们认识的不同,故在结构、分布及至章法多不相同,甚至一国文字,因历史变迁之不同，而有不同之形体，故有书体及流派之由来。

古书云"书画同源"，而实际亦如此。以我国汉字为例，即从形象之图画开始的，后来书法成为一门艺术，即是"字如画"或"画如字"，自有它的艺术魅力所在。

自秦汉以来，不少书法名家多为书画大家，甚而融字之法入画，或融画之势入字，颇有开创之大家，故有五体流派之由来。

进而述之——工笔中之人物，其脸或手，或臂，或衣褶，多为玉筋篆的笔法；再者，花卉画中之花、瓣、茎、叶，亦是篆书的笔法，故而线条或流畅柔软，或坚硬如铁，可证以书绘画者也。而绘画之腕力、手势，与书法主力度与技法，亦多有默然相契之处，此为"以画入笔者"之明证也。

若论书体，一般称正、草、隶、篆及行书，共称"五体"。现从发展之次序，首以甲骨文为先，次为钟鼎文、石鼓文、大篆、小篆，以上是"古文"的范畴；而后才有隶、草等体。现简要讲一下它们的历史由来及其流派。

（一）古文

1. 甲骨文

甲骨文为我国最早的文字形式，是以商代和西周早期（约公元前16—前10世纪）的龟甲、兽骨为载体的文献，此为已知的最早的汉语文献形态。

早期那些刻在甲骨上的文字曾被称为"契文""甲骨刻辞""卜辞"或"殷墟文字"，现通称为"甲骨文"。因商、周时期的帝王，凡诸事多用龟甲或兽骨进行占卜，以察吉凶或定国事,后将占卜之结果刻于甲骨之上方便保存,此即为"甲骨文"之由来。

当然,除占卜吉凶外,甲骨文内容涉及面亦广,如天文、历法、气象、地理、封地、世系、家族、人物、官职、征伐、刑狱、农业、田猎、宗教、祭祀、疾病、生育、灾祸等,故甲骨文是研究我国古代——尤其商代的社会历史、文化及语言文字极为珍贵之资料,已发掘的甲骨文献中的殷商甲骨卜辞,主要是殷墟甲骨。

殷墟甲骨是商代自盘庚迁殷至帝辛(商纣王)二百七十余年间的遗物,大多数出土于河南安阳小屯村或其附近。自清光绪二十五年(1899)被发现后,大量有字甲骨遭私人滥掘,并为古董家、学者和一些驻中国的外国传教士所收集。民国十七年(1928)秋才由国立中央研究院历史语言研究所组织人员进行科学发掘。

最早编纂甲骨文献的人是江苏丹徒的刘鹗。光绪二十九年(1903),刘鹗在罗振玉的帮助下,编纂并出版了历史上第一部甲骨文集《铁云藏龟》,因此,研究甲骨文早期贡献最大的是金石学家罗振玉。

当时人们尊尚鬼神,遇事占卜,他们把卜辞刻在龟甲和兽骨的平坦面上,涂上红色标示吉利,黑色标示凶险。这些文字皆用刀刻,大字约一寸见方,小字如谷粒,或繁或简,精致非凡。

2. 金文

比甲骨文稍晚出现的是金文,金文也叫"钟鼎文"。商、周是青铜器的时代,青铜器的礼器则以鼎为代表,乐器以钟为代表,"钟鼎"常常作为青铜器之代名词。金文(或钟鼎文)

就是指铸在或刻在青铜器上的铭文。

以内容而言,金文的内容多为当时祀典、赐命、诏书、征战、围猎、盟约等活动(或事件)的记录,皆反映当时之社会生活。金文字体整齐遒丽,古朴厚重。相对甲骨文而言,化板滞为流畅,变化多且丰富。以字体而言,金文基本上属籀(大篆)体。

周宣王时所铸之《毛公鼎》,上面的金文极具代表性,其铭文共三十二行,共四百九十七字,是出土之青铜器铭文中最长者。《毛公鼎》铭文的字体结构严整,瘦劲流畅,布局不弛不急,字之位置排列得当,是金文作品中之杰出者。此外,《大盂鼎》铭、《散氏盘》铭亦是金文中难得之作。

古文中除殷墟甲骨较为著名外,钟鼎方面有《盂鼎》《小盂鼎》《散氏盘》《毛公鼎》,乃至《三体石经》中的古文。

3. 篆书

"篆"者,依《法书考》解释:"篆者,传也,传其物理,施之无穷。"谓为传递事物的信息或道理,可以传承、延绵,以至无穷。

《说文》云:"篆,引书也。"谓引笔而书,引书成画,积画成形,形以象字之意也。在六书中,指事、形声、会意、转注、假借皆以象形为基础而来,故象形字为最早之文字形状,亦是篆字的主要特征,此为其一。

篆书特征之二,是其笔画有转无折,一切转弯之笔画,都成圆转而成,无有方折。

此所谓"篆"为广义的"篆",泛指秦代与秦代以前的各种字体。在漫长的历史演变过程中,经多次的变化,其历史可分三阶段,即古文(包括甲骨文、钟鼎文等)、大篆(籀书)和小篆。

大、小二篆，虽出自钟鼎、甲骨，但依然为原始字体。唐代孙过庭曾在《书谱》中说过："篆尚婉而通。"就是说篆书的笔画必须婉转而通顺，所谓通顺，指转弯的笔画没有方折笔势，而成圆转。

秦时，隶书自小篆中出，渐成新的字体，当时还是隶书的初形。

至汉代时，隶书渐兴，时为以后，此一时期为隶书成熟期、壮年时期，是隶书当道的典型时期。作为实用文字，二篆逐渐退位让于隶书，但作为书法艺术，仍有名家，如汉相萧何所作，时称"萧籀"。后汉篆书名家中有位名叫曹喜的，时称"篆书之工，收名天下"，史书中说他"喜倾慕李斯笔势，少异于斯而亦称善"。此人喜尤工悬针篆、垂露篆与薤叶篆。

另外，后汉名家还有蔡邕，他是《熹平石经》的书写人，著有《篆势》，史书中说他"蔡邕书采斯喜之法，为古今杂形"。此外，许慎工小篆，师法李斯，笔法奇妙，著有《说文解字》十四篇，对后世影响极大，承传了篆（籀）书法度，成为后世学习之圭臬，曾被奉为"楷书正误"的标准。后汉著名篆书遗迹中的《嵩山少室》《开母庙》和《西岳庙》三石阙，还有汉碑篆额若干种。

至魏晋南北朝时期，虽楷、行、草等书体均已诞生，而仍不乏篆书名家。如魏时《正始三体石经》上的古文和小篆，可谓汉篆的典型。而《吴禅国山碑》篆法严整，《天发神谶碑》则由转而折，由圆而方，名为篆书，已显隶书之韵意。晋时的《安邱长城阳王君神道碑》，其篆书笔法多方头尖尾，略带挑法。

此外，宋代范晔工草隶，尤善小篆。梁代萧子云："创造小篆飞白，意趣飘然。"欧阳询评云："萧侍中飞白，轻浓得中，如蝉翼掩素。"另，梁代庾元威善作百体书，并作杂体篆二十四种，这些亦是篆书名家。

唐代之篆书名家首推李阳冰，史书中说他的篆书"变化开阖，如虎如龙，劲利豪爽，风行雨集"。他自己也说过："（李）斯翁之后，直至小生，曹喜、蔡邕不足信也。"唐代吕总说他："李阳冰书若古钗倚物，力有万夫。李斯之后，一人而已。"史书中说他的《乌石山般若台题名》《处州新驿记》《缙云城隍庙记》《丽水忘归台铭》为"阳冰四绝"；另有《李氏三坟记》《唐公德政颂》，以及"听松"二字，都很有名。

五代两宋时期工篆书者亦不少。较著者为徐铉、徐锴兄弟，世称"二徐"（铉为"大徐"，锴为"小徐"）。兄弟二人皆好李斯小篆，造诣颇深。徐铉遗迹有《篆千文》《温仁朗碑额》等。徐锴著有《说文解字系传》四十卷，《说文解字篆韵谱》五卷。除"二徐"外，较著者尚有郭忠恕、僧人释梦英等。

郭忠恕，字恕先，著有《汗简》一书；作品则有《重修五代汉高祖庙碑》《怀嵩楼记》等传世。

释梦英（僧），衡州人，号宣义，工"玉箸篆"，有《千字文》《夫子庙堂记》《妙高僧传序》等传世；著作有《篆书偏旁字源》。

元代时，篆书成就较大者，如赵孟頫、吾丘衍、周伯琦等人。赵孟頫篆书多见于碑额及墓志铭盖。吾丘衍著有《学古编》《三十五举》《周秦刻石释音》《印式》等专论"篆法"之著作。周伯琦有《李公岩》《临石鼓文册》等传世，著有《六书正讹》《说文字原》二书。

明代篆书名家中，以李东阳最为有名，其小篆清劲入妙，卓而超群，自成一家。赵宧光根据《天玺碑》而小变其体，创作草篆，颇具个人特色。程南云、景阳、徐霖、陈淳、王谷祥等人亦是有名之书法家，他们多承宋、元遗风。

清代篆书名家则比前代更多，以清康熙时期的王澍最为有名，此人篆书谦和朴实，一时顿称"无双"。江声的篆书兼《石鼓》《国山》之遗意，故成一代名家。清乾隆时的洪亮吉、孙星衍、钱坫、桂馥等亦以篆（籀）书著称，而尤以钱坫为杰出。清嘉庆时期，有名家邓琰（石如）崛起，其篆法出入"二李"（李斯、李阳冰），包世臣在《艺舟双楫》中将其推为"神品第一"。清代篆书名家多笃守阳冰之法，邓琰则一改往习，以隶笔而为篆书，对后世影响极大。清道光年间，黄子高篆法俊健，直追邓琰之风。又有何绍基以颜真卿之笔法作篆，圆融茂密，刚劲有力，终成一格。至清末乃有杨沂孙、杨泗孙兄弟二人均从《石鼓》入手，参以钟鼎款识，自谓"历劫不磨"。后有吴大澂，所写篆文平整匀净、凝重简练，中年以后杂以古籀，另辟蹊径，终成高手。吴芷龄则以汉碑篆额、汉印篆法，参以《开母庙》《国山》《天发神谶》等碑刻，于邓、钱二家之外独树一帜。

此为篆书演变之脉络，所述或许不全，容后来者补之改之可也！

4. 大篆

大篆，起于西周晚年，春秋、战国间通行于秦国，字体与秦篆相近，但字形构形多为重叠，因著录于《史籀篇》，故称"籀文"，籀文是秦统一中国前流行之文字。

《史籀篇》乃用首句为篇名，实非人名。《史籀篇》取多少字已不可知，许慎《说文解字》中举出二百二十余个不同的字。

籀文，又称"石鼓文"，以周宣王时的太史籀所书而得名。他在原有文字的基础上进行创新，并刻于石鼓上而得名，石鼓文是流传至今最早的刻石文字，为石刻之祖。

隋唐之际，在天兴县（今陕西省凤翔县）发现了十个石碣，样子像鼓，故起名为"石鼓"，上面的文字也因此而称为"石鼓文"。每个石鼓上都刻着一首六七十字的四言诗，据专家考证，这些石鼓乃春秋末年至战国初年的物品，上面的诗是歌颂秦王的。石鼓文为现存最早的石刻文字。

大篆著名碑帖有《石鼓文》《秦公敦铭》。

5. 小篆

小篆，又名"秦篆"，因相传为秦国丞相李斯所创，故名。小篆为通行于秦代之文字，其字体形体偏长，匀圆齐整，由大篆衍变而来。东汉的许慎《说文解字·序》称："秦始皇帝初兼天下……罢其不与秦文合者。（李）斯作《仓颉篇》，中车府令赵高作《爰历篇》，太史令胡毋敬作《博学篇》，皆取《史籀》大篆，或颇省改，所谓'小篆'者也。"今存《琅琊台刻石》《泰山刻石》残石，即小篆代表作。自李斯以后，唐代李阳冰、五代徐铉、近人邓石如等皆以篆书见长。

自甲骨文、钟鼎文、大篆发展到春秋战国时，各国删繁就简，各行其令，故文字极不统一。秦灭六国后，秦王采纳丞相李斯之意，进行文字改革，故有六国文字统一之事。据记载，参加统一文字工作的人有赵高、程邈、胡毋敬等。但依《说文解字》收列九千三百五十三字,所举须要改革的篆文只有二百二十五字,所以不能说李斯"创造了"小篆。相传,秦代金、石刻文皆出李斯之手,此为李斯的杰出功绩,其对秦统一文字,简化文字的贡献亦是功德不小。

自周平王于公元前770年东迁洛阳后五百余年,经历诸侯兼并的春秋时期和七国争霸的战国时期;语言方面,则出现了"言语异声""文字异形"的现象。据史料记载,只"宝"字的写法,当时就有一百九十四种不同形态;"眉"字的写法也有一千零四十种;"寿"字的写法亦在百种以上。这些异形的文字,有的字体柔婉流动、疏密夸张,有的体势纵长、结构怪异,此为书法艺术新的里程碑。

公元前221年,秦始皇统一天下,为了便于统治,故在文字上实行了"书同文字"的政策,"罢其不与秦文合者"。秦文是沿袭西周的义化传统,在金文、籀文(大篆)基础上发展起来的一种书体,故秦文又称"秦篆",后人又用小篆称之,以区别于大篆。

秦代刻石保存小篆书迹稍多,以秦始皇所立诸石最为重要,《琅琊台刻石》《泰山刻石》及其拓本残存《始皇廿六年诏》等最能见其真相。据《史记·秦始皇本纪》言,秦始皇曾经在东巡中立了六块碑刻,今所存者仅《泰山刻石》《琅琊台刻石》两种,秦刻石传出自李斯之手。

《泰山刻石》为公元前219年时所刻,原石毁于清乾隆五年(1740),今存十字,其书笔画简约,结体规矩、典雅。

《峄山刻石》是秦篆(即小篆)的代表之作,字的点画均为线条,粗细一致,圆起圆收;字体端庄严谨,有实有虚,疏密得当，显得从容平和，而且刚劲有力，故后人有评云："画如铁石，千钧强弩。"《峄山刻石》的字结构上紧下松，垂脚拉长，有居高临下的俨然之态，似乎读者须仰视而观；在章法上行列整齐，规矩和谐。秦刻石在总体上从容、俨然、强健的艺术风范与当时秦王朝的时代精神是统一的。《峄山刻石》原石被后来三国时期的曹操登山时毁掉了，但留下了碑文。

《峄山刻石》今所传者为宋代郑文宝所摹刻，《峄山刻石》翻刻的有很多，而尤以郑氏为最精。

以上诸碑是秦篆的典型，其特点是用笔匀净、劲瘦，提笔疾过，圆融峻俨，其笔法又有"玉筋""钗骨"之说，所以秦篆又称"玉筋篆"。

（二）隶书

隶书，又称"隶文""隶字"，是我国自有文字以来第二大书体。因原来用以辅助篆书，故又称"左书""佐书"或"佐隶"，此几种叫法随着隶书取代篆书而逐渐不用。

古时，书家多谓隶书是秦代程邈所创，直到近代方才认为隶书是自然演变而来的。隶书从秦代开始，经长期发展、演化，至东汉末年进入成熟期，这时楷书也逐渐出现。东汉末年，钟繇任黄门侍郎之职，他能写隶、楷、行、草诸体，尤善于楷书，他所书之楷体，世称"开创了由隶到楷的新貌"。而此时楷书已渐占统治地位，但隶书作为一种书法、一种艺术，仍为世人所喜爱，故能流传至今。

随后，隶体不断地变化发展，其书体之特征为：笔画比篆书复杂而多变，不但有横、直、折、勾，还出现点、戈、撇、捺；笔法是方圆并用，方多于圆，逆锋、藏锋、回锋兼施；行笔是中锋、偏锋都有或同时存在。其笔法的典型特点是有波势、用挑法，即平常所说的"蚕头凤尾"，字的形状也由长而为扁平。

隶书从秦隶到汉隶，最后又过渡到唐隶，其间还经过众说纷纭的"八分"，如后所述。

清代以隶书著称者有郑簠、陈恭尹、顾蔼吉、桂馥、邓琰（石如）、黄易、伊秉绶、陈鸿寿、赵之琛、何绍基、俞樾、徐三庚等人。其中，郑簠、陈恭尹、顾蔼吉为专工隶书者；而桂馥、邓琰、黄易、伊秉绶、陈鸿寿、徐三庚等人篆字亦不亚于他们的隶书成就；至于邓琰（石如），虽以篆刻著称，而其所写隶书苍劲浑朴、卓尔超群，所自成一家，是隶书中难得一见之珍品。

1. 秦隶

早期的隶书，因初脱胎于小篆，故虽比小篆简洁，但仍保留篆书的较多笔势、笔意，其字多是半篆半隶、浑然一体，用笔变圆为方折，多用中锋圆笔，此时的隶书尚无波、挑，保存了篆字细长的字形，章法参差交错，变化随意而为，不受界格之所局限，如《秦权》《云梦秦简》或西汉时的碑刻。

2. 汉隶

此时的隶书，已是发展成熟的隶书，为隶书的典型时期。一般所谓"隶书"，多指这一时期的隶书，已完全摆脱篆书笔意而成全新之书体，其主要特色为"波磔披拂，形意翩翩"；用笔"藏锋逆入"，"逆入平出"或"翘首举尾，直刺邪掣"，多为"蚕头凤尾"势；笔画有粗有细，轻重相应；字形亦由长方而成方扁。

隶书,以汉隶为主体;汉隶,则以后汉时的隶书为准则。在后汉隶书中,有名的碑刻很多,如《裴岑纪功碑》《西狭颂》《夏承碑》《张迁碑》《子游残碑》《鲜于璜碑》《礼器碑》《曹全碑》《熹平石经》《史晨碑》《石门颂》《杨淮表记》《仓颉庙碑题铭》等,这些碑刻风格不同、笔法互异,按其笔法大致可分"方笔""圆笔"两大类。但按其风格、神韵,则可分为五大流派:

(1)如《乙瑛碑》《史晨前后碑》《礼器碑》《华山庙碑》等属"圆润瘦劲、端整精密"的一派,以"法度谨严、笔意飞动"见称,乃隶法之正宗。

(2)如《曹全碑》《孔宙碑》《孔彪碑》等属"秀丽工整、圆静多姿"的一派,是汉隶中之精品。

(3)如《张迁碑》《鲜于璜碑》《西狭颂》《衡方碑》等属于"方整宽厚、峻宕雄强"的一派,为隶书中之佳作。

(4)如《石门颂》《杨淮表记》《封龙山颂》《开通褒斜道刻石》等,属"风神纵逸、气势奔放"的一派,亦难得之石刻。以上各碑,除《封龙山颂》外皆为摩崖石刻,花岗石石质坚硬,颗粒较大,虽无法刻得秀丽严谨、粗细有形,然而恰能体现隶书"飘逸奔放"的风格。

(5)又如《郁阁颂》《夏承碑》《君子残石》等属"意态奇古、气度宽阔"的一派,亦是难得一见的书法作品,多为书法家所爱。

(三)楷书

楷书,即楷体书法,是从汉末魏晋时起,直至近代广泛流行的书体,是我国第三大书体。

楷书,又称"正书""真书"。楷有"楷模""法度""标式"等义,最初用以称呼书体。晋代卫恒《书势》云:"上谷王次仲,始作楷法。"所说"楷法"为"八分楷法",即间乎隶、楷之间的"八分"书体;近世所谓的"楷书",非指"八分楷法",乃指脱尽隶笔、隶意的正书楷体,故楷体又称"正书"。从形成的角度讲,钟繇所写的楷字即是"正书",虽他的字尚有隶书的笔意在,但说楷书起自汉末也是可以的。

楷书之特征有三:其一,笔画端正,结体整齐,工妙在点、画,神韵体现于结体——楷字多平正齐整、端庄大方、结构严谨,正如宋代苏轼所说"大字难于结密而无间,小字难于宽绰而有余",故楷书"严整而不失飘扬、犀利刚劲而似飞动"。其二,笔画有规律可求——如"永字八法"即是习楷之范例,故有规律可循,即一切楷书的笔画皆可纳于"八法"之中。其三,起止三折笔——"运笔在中锋"是楷书的典型笔法,运笔中锋,则字多遒润。

楷书的体势和风格流派较多,然就其基本规格而言大同小异。其小异可分为三:一是肥、瘦之分,肥厚者如颜体,瘦挺者如柳体;尚有极瘦者,如瘦金书。二有长、方之别,正方者如褚体,长方者如欧体。三是朴、媚之异,淳朴者如虞体,妩媚者如赵体。

楷书的著名流派,多出现在魏、晋、唐、宋之间,后分为南、北两大体系。

南系楷书的著名流派,首推钟、王,此为魏晋时期楷书开宗立派之主要代表。钟即钟繇,王指"二王":"大王"王羲之,"小王"王献之。钟、王的楷书,秀丽挺拔,备尽法度。钟繇的《宣示表》,王羲之的《黄庭经》《乐毅论》,王献之的《〈洛神赋〉十三行》,都是他们的著名墨迹。钟、王之后,欧(阳询)、虞(世南)、褚(遂良)、薛(稷)相继于后。其次,又有颜(真卿)、柳(公权)、赵孟頫等书法家横空出世,这些书法大家多有自创、终成一家风格。后世所说的"欧体""颜体""柳体"即是指他们的楷书风格而言。

北系楷书的著名流派源自魏时的碑帖。魏碑,乃是界乎隶、楷之间的一个流派,亦是重要的楷书体系,是书法中珍贵之宝藏。最早以索靖为代表,而后方形成"北系"书法体系。北系楷书的书法遗迹主要是石刻碑铭,且多没有记载书写者姓名,因此北系楷书不是依书法家的风格而定,而是以碑帖名称来区分流派。传世碑帖中,最为有名者有《谷朗碑》、《郑文公碑》(魏)、《张猛龙碑》(魏)、《龙门造像诸品》(魏)等。另,除魏碑外,尚有少量晋碑及南朝宋、梁时碑,如《爨宝子碑》(东晋)、《爨龙颜碑》(南朝宋)、《瘗鹤铭》(南朝梁)、《石门铭》(魏)、《张玄墓志》(魏)。至清代时,有书家阮元首倡碑学,包世臣继之,近人康有为接踵而起,大兴"尊碑卑唐"之风,故而使碑学大盛。

1. 欧体

为欧阳询所创,其字正书结构,"易方为长,以就姿媚";"四面停匀,八方平正";"书如凌云台,轻重分毫无负";"笔备众美,翰墨洒落";此即史书所说欧体之风格。欧体著名碑帖有《九成宫醴泉铭》《皇甫碑》《化度寺碑》。

2. 虞体

为虞世南所创，其字偏长，略同于欧体，字形工整齐备，不倾不倚，法遵"二王"（王羲之、王献之），严谨洒脱，如《孔子庙堂碑》。

3. 褚体

为褚遂良所创，其书丰润劲炼、清远古雅，用笔方、圆兼容，间含隶意；结体婉畅，用笔多变，中侧兼收，顺逆并用，其书对后世影响极大。著名碑帖有《孟法师碑》《大字阴符经》《雁塔圣教序》等。

4. 薛体

为薛稷所创，其书得欧、虞、褚、陆之遗风，其师承血脉近于褚遂良。此人用笔纤瘦有力，结字疏通流畅。著名碑帖有《封中岳碑》《郑敞碑》《杳冥君铭》等。

5. 颜体

为颜真卿所创，其字探源篆隶，楷法谨严，放而不流，拘而不拙，结字方圆，笔法肥劲，如《多宝塔》《东方画赞》《勤礼碑》《麻姑仙坛记》《颜氏家庙碑》。

6. 柳体

法出颜真卿，后独创一格、自成一家，其字意瘦挺，体势骨力遒劲、爽利挺秀。著名的碑帖有《玄秘塔碑》《神策军碑》等；尤其是《神策军碑》，可看出柳字颜字之间的关联或渊源。

7. 赵体

为赵孟頫所创，世称"赵体"。其字以"风流、和婉"著称，其书风遒媚秀逸，和婉适中，结体严整，笔法圆熟。著名碑帖有《妙严寺记》《三门记》《妙法莲华经》《信心铭》等。

宋代楷书，首推蔡襄。蔡襄，宋代杰出书法家，"宋代四大家"之一。其书风格意取晋、唐，恪守法度，以神佳为度，讲究古意，书云"端劲高古，容德兼备"，为开启宋代书派主流之代表。蔡襄之字师法蔡邕、崔纾，后崛然独起。初学周越，其字变体出于颜真卿；年轻时，其字明劲有力，晚年则回归淳朴恬淡、婉美妍媚；他的大字端庄沉着，小字则秀丽多姿。大楷作品有《洛阳桥记》《有美堂记》《昼锦堂记》等，小楷如《茶谱》《集古录序》等。

宋徽宗赵佶，正书笔势劲逸，初学薛稷，后变其法度，独创一格，自号为"瘦金书"，对后世楷书亦有较大影响。

元代著名书家赵孟頫，善篆、隶、真、行、草书，尤以楷、行书著称于世。

明代楷书较著名者有董其昌，他初学颜、虞，后改钟、王，后终成一家。

清代楷书名流有钱沣、何绍基，其楷法皆学颜真卿。钱沣之字，结体严整，气势雄伟；何绍基之字则体势遒劲，气势流畅。此二人对清代楷法影响较大。

以上为楷书之简要脉络。

前文所谈楷书碑帖，多以大楷、中楷为主；而小楷名帖则较少，主要有钟繇的《荐季直表》，王羲之的《东方朔画赞》《乐毅论》《黄庭经》《曹娥碑》，王献之的《〈洛神赋〉十三行》，钟绍京《灵飞经》，赵孟頫的《道德经》，文徵明的《醉翁亭记》《雪赋·月赋合册》等。

（四）草书

草书，即草体书法。草为"草创""草藁"之意，章草和今草为草书的两大主要流派，代表其发展之两大阶段。

1. 章草

章草由隶书演化而来，沿用隶书章法，横画上挑，左右波磔分明，"笔有方圆，法兼使转"，结体"古雅平正、内涵朴厚"。唐代孙过庭于《书谱》中说"章务险而便"；唐代张怀瓘在《书断》中说："此乃存字之梗概，损隶之规矩，纵任奔逸，赴速急就。"可见章草就是隶书过渡到草书之特有形态，或称"隶草"。

章草著名的碑帖有西汉史游的《急就章》、东汉张芝的《秋凉平善帖》、东晋王羲之的《豹奴帖》，西晋索靖的《出师颂》也是章草精品；另有西晋陆机的《平复帖》，西晋索靖的《月仪》《载奴》帖也颇可观。白今草兴起后，章草式微，传世的有唐代褚遂良的《黄帝阴符经》等。

2. 今草

今草由章草演变而来，此时已完全脱离章草之隶书痕迹，故字更显潇洒、奔放和流畅。今草流派较多，大致可分为三支：

（1）小草：唐代孙过庭在《书谱》中说："草贵流而畅。"故小草特征以"流注、顺畅"为主；运笔多用转法，故字多显"韵媚、婉约"，而法度较为谨严，字字区分，不作连续带笔，意态飞舞奔放，随意流畅。著名碑帖以孙过庭《书谱》为代表，故小草派又称"书谱派"。另有隋代智永《千字文》亦是有名的代表作。

（2）大草：又名"狂草"，唐代张怀瓘《书断》中说："字之体势一笔而成，偶有不连，而血脉不断，及其连者，气候通其隔行。"所以"大草"又名"一笔书"，其特点是于小草笔法之上，进而成为"字字相连、体势连绵"的笔势，其字笔意奔放、变化万千、首尾呼应，故气势贯穿一体、融会一如。著名碑帖有张芝的《知汝殊愁帖》，张旭的《肚痛帖》《古诗四帖》，怀素的《自叙帖》《食鱼帖》，都是大草或狂草的典型作品。

（3）行草：即草书、行书夹杂之字体，其早期形态为"藁书"（即"相闻书"），一般用于尺牍。王愔云："藁书者，若草非草，草行之际。"故知"藁书"为草书发展之过渡形态，后来发展成草书、行书并用，其特点为"行草夹杂、用笔秀丽，字不连绵但神气贯通"。如王羲之的《快雪时晴帖》《行穰帖》，王献之的《中秋帖》《送梨帖》即是典型墨迹。

后世草书名家，有宋代苏轼《醉翁亭记》、黄庭坚《诸上座帖》、米芾《草书九帖》、蔡襄《草书二诗帖》，明代祝允明《前后赤壁赋》、文徵明《滕王阁序》等，明末清初的王铎则一反常规、另辟蹊径，后自成一家，其章法影响后世亦大。此等大家于草书上造诣颇高、别具一格，为草书之代表人物。

（五）行书

行书，即行体书法，亦名"行押书"，行书从楷书演化而来。唐代张怀瓘云："务从简易，相间流行。"宋代姜夔《续书谱》云："行出于真。"行书特征是"非真非草"，介乎真、草之间。从楷书到今草，较自然形成了行书。宋代的《宣和书谱》

中就有"真几于拘,草几于放,介乎两间者,行书有焉"之语,可知行书之特征。

三、谈写字的方法

我到闽南这边来,已经有十年之久了。

前几年冬天的时候,我也常到南普陀寺来,看到大殿、观音殿及两廊旁边的栏杆上,排列了很多很多的花。尤其正在过年的时候,更是多得很。

其中有一种名叫作"一品红"的,颜色非常鲜明,非常好看,可以说是南国特有的一种风味,特有的色彩。每当残冬过去,春天快到来的时候,把它摆出来,好像是迎春的样子,而气象确也为之一新。

我于去年冬天到这里来,心中本来预料着,以为可以看到许多的一品红了,岂知一到的时候,空空洞洞,所看到的,尽是其他的花草,因而感到很伤心。为什么?以前那么多的一品红,现在到哪里去了呢?找来找去,找了很久,只在那新功德楼的地方,发现了三棵,都是憔悴不堪,颜色不大鲜明,很惨的样子。也没有什么人要去赏玩了。于是使我联想到佛教养正院,过去的时候,也曾经有很光荣的历史,像那些一品红一样,欣欣向荣,有无限的生机。可是现在,则有些衰败的气象了。

养正院开办已经三年了,这期间,自然有很多可纪念的史迹。可是观察其未来,则很替它悲观,前途很不堪设想。我现在在南普陀这里,还可以看到养正院的招牌,下一次再来的时候，恐怕看不到了，这一次，也许可以说是我"最后的演讲"。这一次所要讲的，是这里几位学生的意思，要我来讲关于写字的方法。

（一）概说

我想写字这一回事，是在家人的事，出家人讲究写字有什么意思呢？所以，这一次讲写字的方法，我觉得很不对。因为出家人假如只会写字，其他的学问一点不知道，尤其不懂得佛法，那可以说是佛门的败类。须知出家人不懂得佛法，只会写字，那是可耻的。出家人唯一的本分，就是要懂得佛法，要研究佛法。不过，出家人并不是绝对不可以讲究写字的，但不可用全副精神去应付写字就对了。出家人固应对于佛法全力研究，而于有空的时候，写写字也未尝不可。写字如果写到了有个样子，能写对子、中堂来送与人，以作弘法的一种工具，也不是无益的。

倘只能写得几个好字，若不专心学佛法，虽然人家赞美他字写得怎样的好，那不过是"人以字传"而已。我觉得，出家人字虽然写得不好，若是很有道德，那么他的字是很珍贵的，结果都是能够"字以人传"。如果对于佛法没有研究，而且没有道德，纵能写得很好的字，这种人在佛教中是无足轻重的，他的人本来是不足传的，即能"人以字传"。这是一桩可耻的事，就是在家人也是很可耻的。

今天虽然名为讲写字的方法，其实我的本意是要劝诸位来学佛法的。因为大家有了行持，能够研究佛法，才可利用闲暇时间，来谈谈写字的法子。

关于写字的源流、派别，以及笔法、章法、用墨等，古人已经讲得很清楚了。而且有很多的书可以参考，我不必多讲。现在只就我个人关于写字的心得及经验随便来说一说。

诸位写字的成绩很不错。但是每天每个人只限定写一张，而且只有一个样子，这是不对的。每天练习写字的时候，应该将篆书、大楷、中楷、小楷四个样子，都要多多地写与练习。如果没有时间，关于中楷可以略掉，至于其他的字样，是缺一不可的，且要多多地练习才对。

我有一点意见，要贡献给诸位。下面所说的几种方法，我认为很重要。

（二）由博而约

我对于发心学字的人，总是劝他们先由篆字学起。为什么呢？有几种理由：

第一，可以顺便研究《说文》，对于文字学，便可以有一点常识了。因为一个字一个字都有它的来源，并不是凭空虚构的，关于一笔一画，都不能随随便便乱写的。若不学篆书，不研究《说文》，对于文字学及文字的起源就不能明白——简直可以说是不认得字啊！所以写字若由篆书入手，不但写字会进步，而且也很有兴味的。

第二，能写篆字以后，再学楷书，写字时一笔一画，也就不会写错的了。我以前看到养正院几位学生所抄写的稿子，写错的字很多很多，要晓得，写错了字，是很可耻的，这正如学英文的人一样，不能把字母拼错一个。若拼错了字，人家怎么认识呢？写错了我们自己的汉文字，更是不可以的。我们若先学会了篆书,再写楷字时,那就可以免掉很多错误。此外,写篆字也可以为写隶书、楷书、行书的基础。学会了篆字之后,对于写隶书、楷书、行书就都很容易,因为篆书是各种写字的根本。

若要写篆字的话,可先参看《说文》这一类的书。因为这部书很好,便于初学,如果要学写字的话,先研究这一部书最好。

既然要发心学写字的话,除了写篆字外,还有大楷、中楷、小楷,这几样都应当写。我以前小孩子的时候,都通通写过的。至于要学一尺、二尺的字,有一个很简便的方法,那就可用大砖来写,平常把四块大砖拼合起来,做成桌子的样子,而且用架子架起来,也可当桌子用;要学写大字,却很方便,而且一物可供两用了。

大笔怎样得到呢?可用麻扎起来做大笔,要写时,就可以任意挥毫。大砖在南方也许不多,这里倒有一个方法可以替代:就是用水门汀拼起来成为桌子。而用麻来写字,都是一样的。这样一来,既可练习写字,而纸及笔,也就经济得多了。

篆书、隶书乃至行书都要写,样样都要学才好;一切碑帖也都要读,至少要浏览一下才可以。照以上的方法学了一个时期以后,才可专写一种或专写一体。这是由博而约的方法。

(三)初步法门

至于用笔呢?算起来有很多种,如羊毫、狼毫、兔毫等。普通是用羊毫,紫毫及狼毫亦可用,并不限定哪一种。最要注意的一点就是写大字须用大笔,千万不可用小笔!用小的笔写大字,那是错误的。宁可用大笔写小字,不可以用小笔写大字。

还有纸的问题。市上所售的油光纸是很便宜的,但太光滑很难写。若用本地所产的粗纸,就无此毛病了。我的意思:高年级的同学可用粗纸,低年级的可用油光纸。

此地所用的有格子的纸,是不大适合的,和我们从前的九宫格的纸不同。以我的习惯而论,我用九宫格的方法,就不是这个样子,现在画在下面(此处略),并说明我的用法:若用这种格子的纸,写起字来是很方便的,这样一来,每个字都有规矩绳墨可守。如写大楷时,两线相交的地方,成了一个十字形,就不致上下左右不相对称了。要晓得,写字总不能随随便便,每个字的地位要很正,要不偏左不偏右,不上不下,要有一定的标准。因为线有中心点,初学时注意此线,则写起来,自然会适中很"落位"了。

平常写字时,写这个字,眼睛专看这个字,其余的字就不管,这也是不对的。因为上面的字,与下面的字都有关系的:即全部分的字,不论上下左右,都须连贯才可以。这一点很要紧,须十分注意。不可以只管写一个字,其余的一切不去管它,因为写字要使全体都能够配合,不能单就每个字去看的。

再有一点须注意的:当我们写字的时候,切不可倚在桌上,须使腕高高地悬起来,才可以运用如意。写中楷悬腕固好,假如肘部要倚着,那也无妨。至于小楷,则可以倚在桌上,不必悬腕的。

（四）基本法则

以上所说的，是写字的初步法门。现在顺便讲讲关于写对联、中堂、横披、条幅等的方法。

我们写对联或中堂，就所写的一幅字而论，是应该有章法的。普通的一幅中堂，论起优劣来，有几种要素须注意的。现在估量其应得的分数如下：

章法：五十分

字：三十五分

墨色：五分

印章：十分

就以上四种要素合起来，总分数可以算一百分。其中并没有平均的分数。我觉得其差异及分配法，当照上面所分配的样子才可以。

一般人认为每个字都很要紧，然而依照上面的记分，只有三十五分。大家也许要怀疑，为什么反而章法分数占多数呢？就章法本身而论，它之所以占着重要的原因，理由很简单，在艺术上有所谓三原则，即统一、变化、整齐。

这在西洋绘画方面被认为是很重要的。我便借来用在此地，以批评一幅字的好坏。我们随便写一张字，无论中堂或对联，将字排起来，或横或直，首先要能够统一，字与字之间，彼此必须相联络、互相关系才好。但是单只统一也不能的，呆板也是不可以的，须当变化才好。若变化得太厉害，乱七八糟，当然不好看。所以必须注意彼此互相联络、互相关系才可以的。

就写字的章法而论,大略如此,说起来虽很简单,却不是一蹴可就的。这需要经验的,多多地练习,多看古人的书法以及碑帖,养成赏鉴艺术的眼光,自己能常去体认,从经验中体会出来,然后才可以慢慢地有所成就。

所谓墨色要怎样才可以?即质料要好,而墨色要光亮才对。还有印章盖坏了,也是不可以的。盖的地方要位置设中,很落位才对。所谓印章,当然要刻得好,印章上的字须写得好。至于印色,也当然要好的。盖用时,可以盖一颗、两颗。印章有圆的、方的,大的、小的不一,且有种种的区别。如何区别及使用呢?那就要于写字之后再注意盖用,因为它也可以补救写字时章法的不足。

(五)上乘的字

以上所说的,是关于写字的基本法则,可当作一种规矩及准绳讲,不过是一种呆板的方法而已。

写字最好的方法是怎样?用哪一种的方法才可以达到顶好顶好的呢?我想诸位一定很热心地问。我想了又想,觉得想要写好字,还是要多多地练习,多看碑,多看帖才对,那自然就可以写得好了。

诸位或者要说,这是普通的方法,假如要达到最高的境界须如何呢?我没有办法再回答。曾记得《法华经》有云:"是法非思量、分别之所能解。"我便借用这句子,只改了一个字,那就是"是字非思量、分别之所能解"了。因为世间无论哪一种艺术,都是非思量、分别之所能解的。

即以写字来说,也是要非思量、分别,才可以写得好的;同时要离开思量、分别,才可以鉴赏艺术,才能达到艺术的最上乘的境界。

记得古来有一位禅宗的大师,有一次人家请他上堂说法,当时台下的听众很多,他登台后默默地坐了一会儿以后,即说:"说法已毕。"便下堂了。所以,今天就写字而论,讲到这里,我也只好说"谈写字已毕"了。

假如诸位用一张白纸,完全是白的,没有写上一个字,送给教你们写字的法师看,那么他一定说:"善哉善哉!写得好,写得好!"

诸位听了我所讲的以后,要明白我的意思:学佛法最为要紧。如果佛法学得好,字也可以写得好的。不久,会泉法师要在妙释寺讲《维摩经》,诸位有空的时候,要去听讲,要注意研究。经典要多多地参考,才能懂得佛法。

我觉得最上乘的字或最上乘的艺术,在于从学佛法中得来。要从佛法中研究出来,才能达到最上乘的地步。所以,诸位若学佛法有一分的深入,那么字也会有一分的进步;能十分地去学佛法,写字也可以十分的进步。

今天所说的已经很够了。奉劝诸位:以后要勤求佛法,深研佛法。

浅谈国画

一、概说

应诸位同学盛情相邀,于此讲谈国画历史与绘画之技巧,朽人只好勉而为之,权当与大家共学吧!

我国绘画技法堪称"一宝",与书法并称"双绝"。只是国画不似西洋画易于保存,多因国画绘制于易碎的纸或绢上。

两汉时期,我国艺术可称为"大家风范",但那时的艺术多为壁画,只可观摩,不易携带,不似西洋画之木板或布等材质易于流传。

两汉时期的艺术,材质多是石材或陶瓷、砖瓦,艺术水平极高,但多为笨重之材质,故可遇不可求,临摹亦不易得。

至隋唐之时,因国富民强、文化兴盛,故艺术成就亦高,我国艺术方至前所未有之顶峰。当时的绘画艺术延续了雕刻之艺术技法,创作作品多以宗教题材,人物肖像画成就最大,亦开"山水画"之先河。

及至宋元,则为我国绘画艺术之巅峰期,其中尤以山水画为代表，花鸟绘画成就亦不俗。至明代时，绘画作品则以花鸟为卓著。清朝一代，则将山水画发挥到极致，风格倾向写意，虽寄托自然景观之写实，然而重在体现自我之心境，故而流派纷起、大师并出，大有百花齐放之势。

以下，朽人就一些名家或名画加以简述与评析，以供同学欣赏，我们先从隋唐开始讲起。

二、隋唐名家与名画

（一）展子虔

展子虔，渤海（今山东阳信）人，是北周末年、隋朝初年的大画家。他曾经历北齐、北周，最后在隋朝担任朝散大夫、帐内都督等职。

展子虔擅长画人物、山水及其他杂画，在绘画技法上几乎无所不能。其对人物的描绘相当细致，喜以色晕染面部。他亦善画马，所画之马以神态逼真见长——如画立马更有走势，若画卧马则腹有腾骧起跃之势，与当时的大画家董伯仁齐名；所绘山水，能就远近，有咫尺千里之势。

他曾在洛阳天女寺、云华寺、长安灵宝寺、崇圣寺等处所绘制佛教壁画，作品有隋朝官本《法华变相图》《长安车马人物图》《白麻纸》《弋猎图》《南郊图》《王世充像》《白描》等，收录入《贞观公私画史》之中；还有《朱买臣覆水图》《北齐后主幸晋阳图》《维摩像》等画迹，收录入《历代名画记》中；又有《北极巡海图》《石勒问道图》等二十余幅，收录入《宣和画谱》中。

他的传世之作有《授经图》《游春图》。据称,《游春图》乃我国现存最古之卷轴山水画。

他擅长画人物、鞍马、楼阁和山水,在继承魏晋南北朝的绘法基础上有所突破,并能创立新意,是一位承前启后、继往开来的绘画大师。

唐人曾评其画有"远近山水、咫尺千里"之势;在画法上则以青、绿填色,有勾无皴,人物与枝干则直接用粉点染,全画以"青、绿"为主调,乃中国山水画中独具风格之画体。

(二)阎立本

阎立本是唐代画家,陕西西安人氏。其父阎毗及其兄阎立德都擅长绘画及建筑,而立本则擅长绘画人物、车马和楼阁,后人有称为"丹青神化""冠绝古今"之誉。其传世之作有《步辇图》《历代帝工图》《萧翼赚兰亭图》。

他的画将人物的仪态与身份、气质与心境刻画得至为鲜明,尤其是衣纹展现圆转、流畅至为突出,人物之五官亦勾画精细。其中,人物的发式与服饰颇具初唐时期之特点。

(三)周昉

周昉,京兆(今陕西西安)人,唐代画家,字景玄,又字仲朗,出身显贵家庭,先后官越州、宣州长史。

此人一生性情直爽,好学不倦,擅长仕女画。初学张萱,后取长而自创。其绘画多为贵族妇女,所画人物多优游闲佚、容貌丰满、衣褶劲简,且色彩柔和艳丽,为当时宫廷贵族、士大夫之所重。后来,唐德宗李适闻其名,诏至章明寺绘画,经月余始成,德宗推为"第一"。他所绘制的,具有华丽优美的"水月观音"像颇具特色,雕塑者多仿效之,世称"周家样"。

其传世作品有《簪花仕女图》《挥扇仕女图》等。

《簪花仕女图》以四位贵妇人为表现,分"戏犬""漫步""看花""采花"四个情节;而中间穿插一持扇侍女;侍女形象较小以示其身份,与贵妇人形成身份对比。其中人物发型、眉毛及体态都以丰腴肥硕为主,故能体现唐代之审美风尚;勾线流畅、笔画有力,色彩也很艳丽丰富,突显出肌肤之质感和服饰的轻薄感。

(四)李思训

李思训,成纪(今甘肃天水)人氏,是唐朝皇亲宗室,后官至右武卫大将军,封"彭国公"。

他是唐代杰出的书画家,工书法、绘画,尤擅长绘画山水树石,其笔力遒劲、格调细密,喜写"云霞缥缈"之景色,鸟兽草木皆能穷其姿态,亦爱用神仙故事点缀幽曲、寂静之岩岭。他喜以青绿为质、金泥为纹的山水画,作品多富装饰性。

他的绘法技巧源于隋代的展子虔,并继承和发展了六朝以来以"色彩为主"的表现形式,玄宗皇帝曾评其画作为"国朝山水第一,列神品";明代大画家董其昌更推他为"北宗"山水画之祖;唐代张彦远总结说"山水之变始于吴(道子),成于二李(李思训、李昭道父子)"。其子李昭道亦擅山水,人称其父子为"大、小李将军"。其传世的画作有《山居四皓图》《江山渔乐图》《群峰茂林图》等,收录入《宣和画谱》。

《江帆楼阁图》所绘长松秀岭,翠竹掩映,群山层叠,朱廊碧殿，江天阔渺，风帆近流，有着唐朝衣冠者四人，此画融山水树木与人物，既自然又交相辉映，一派春光景象，画中山石用墨线勾勒轮廓，后以绿色渲染，不作皴擦，所画松树以交叉取形，整体则势态葱郁。他用笔工整，山石青绿，着色艳丽，安歧评之为"傅色古艳，笔墨超轶"，表明山水画到这一时代已趋成熟。

（五）王维

王维，自幼聪颖，据载他九岁即能作诗写文，后成为唐开元、天宝间的著名诗人，其人书法工于草书、隶书，亦熟娴丝竹音律，擅长绘画，乃多才多艺之才子；其青年时便已名享京师，甚得皇族王公之敬重。唐人薛用弱《集异记》就有记载："王维右丞，年未弱冠，文章得名。性娴音律，妙能琵琶，游历诸贵之间，尤为岐王之所眷重。"

王维对于绘画的贡献有二：一是融诗情于画中，开创了绘画新篇章，延至宋代，形成一种"诗中有画，画中有诗"的"诗情画意"风格。二是突破"金碧山水"之局限，初步奠定我国"水墨山水画"之基础，而至元、明、清三代发展为最重要之绘画形式，故他被后人尊为"文人画南宗之祖"。

他的《伏生授经图》所绘为汉代的伏生授业的情景，亦是人物肖像画，所绘人物形象逼真、清癯苍老，所用笔法清劲有力。

王维崇信佛教，性喜山水，其诗多以山水、田园为内容，所绘物景颇为传神，笔法精深入微；晚年隐居蓝田辋川，过着吟诗作画、谈禅说佛的隐逸生活。此人兼通音乐，工书法，精绘画，擅画平远之景致，喜以"破墨"手法绘制山水松石，北宋苏轼赞其"诗中有画,画中有诗",其有"不衣文采"之创作理论对后世文人的画影响甚大。

(六)李昭道及国画之类别

李昭道,甘肃天水人,字希俊,唐代著名画家。曾任太原府仓曹、直集贤院等官职,后官至太子中舍。

李昭道继承其父李思训之长,亦擅长"青绿山水"的绘画创作,世称"小李将军";亦擅绘画鸟兽、楼台、人物,并创"海景图"。其画风巧妙精致,虽"豆人寸马",也画得"须眉毕现"。由于画面繁复,线条纤细,论者亦有"笔力不及思训"之评。主要画作有《海岸图》《摘瓜图》等作品,收录入《宣和画谱》。

李昭道的《明皇幸蜀图》描绘了"安史之乱"时唐明皇逃往四川避难的情形。画家有意加强了春天山岭间之诗意,于层峦叠嶂描绘飘浮白云,树木亦秀丽动人。此画之妙处在于,人物虽小却分毫可辨,能使观者轻易分辨人物之身份。

我国国画之类别和技法,可分人物、山水、花鸟。其中,人物画是历史上最早形成的画科,早于山水与花鸟。大家皆知西洋画注重造型,而国画注重传神,可谓不注意精确之造型"由来已久"。我国最早创作的人物画,多重人物之刻画,力求逼真、传神,讲求气韵之灵动,形神要兼备,故古代论画著作中称其为"传神论"。

而分门别类中,人物画又分为道释画(宗教画)、仕女画、肖像画、历史故事画等。历代之著名代表画家,有东晋的顾恺之,五代的顾闳中,宋代的李唐,明代的仇英、唐寅,清代的费丹旭等大师。

三、宋元名家与名画

（一）夏圭

夏圭，南宋画家，宋宁宗时任画院待诏。初学人物画，后改绘山水，他将范宽、李唐的斧劈皴进一步发展，创立了"拖泥带水皴"；其创作时除师法李唐而讲求阳刚之风外，更讲究水墨淋漓、清明透逸的效果，与马远同为"北方山水画派"之杰出代表。宁宗时为画院待诏，赐金带。画人物酝酿墨色如傅粉之色，笔法苍老，墨汁淋漓，所画雪景，全学范宽。画院中人凡画山水的，自李唐以下，无出其右者，与当时大画家马远齐名，故称"马夏"。

他喜以长卷横幅表现情景，而画面变化亦十分复杂，多以线、面或干、湿等手法互用，皴法也十分丰富，故艺术效果极强。其创立的"拖泥带水皴"法，在当时不仅对南宋绘画有所影响，而尤其对后世的"文人画"的表现形式影响更大，且后人在继承其法的基础上，不单用在人物画上，花鸟画中亦被广泛运用。

夏圭的画法多受佛教禅宗影响，故他主张"脱落实相，参悟自然"，趋向"笔简意远，遗貌取神"的效果。充分表现出了虚实和空气感，用笔清劲，简练概括，简劲苍老而墨气明润，给人浑厚朴实、明朗俊秀的印象。明代王履曾赞曰："粗而不流于俗，细而不流于媚；有清旷超凡之远韵，无猥暗蒙尘之鄙格。"明代大画家董其昌虽对"北宗"山水颇怀偏见，却对夏圭十分折服,说"夏圭师李唐而更加简率,如塑工之所谓减塑者"。

夏圭更善于表现烟雨朦胧的江滨湖岸景色,其点景人物亦简括生动,楼台等建筑物不用界尺,信手而成,取景剪裁极为精练。山水构图喜欢大胆剪裁,突破全景而仅画半边之景,时人称为"夏半边"。

代表作有《溪山清远图》《山水十二景》《江山佳胜图》《西湖柳艇图》《观瀑图》《梧竹溪堂图》《烟岫林居图》《松崖客话图》《钱塘秋潮图》等。其中《钱塘秋潮图》描绘的是钱塘江秋潮初至,浪涛翻滚奔腾之情景。左边山上有座塔,当为观潮的最佳地点。通过潮水和近山的比例,我们易于体会潮水之势,给人来势凶猛之感。而整幅画面色彩鲜丽、清秀明朗,图中的树、石、浪潮全用中锋勾勒,视觉上明快刚劲,似有跳跃之感,就是"马夏画派"的典型风格。

(二)米芾

米芾所处的时代,正是画院写实派山水画大行其道之时,而他却只想表达心中的"意气",以天真、癫狂手笔来表现山石的面貌,故能在画面上自由发挥,因他这类举止类同"癫狂",故人称"米癫"。

米芾能诗文,擅书画,精鉴别;行书、草书得力于王献之,用笔俊迈,世人评为"风樯阵马,沉着痛快",他与蔡襄、苏轼、黄庭坚合称"宋四家"。米芾画山水,出自董源,天真发露,不求工细,多用水墨点染,自谓"信笔作之,多以烟云掩映树石,意似便已"。其子米友仁亦是画家,师承其画法,自称"墨戏",画史上称"米家山""米氏云山",因其传承而有"米派"之称。

他亦画梅、松、兰、菊等花卉画,晚年兼画人物,自称"取顾(恺之)高古,不入吴生(道子)一笔"。米芾好模仿名迹,能以假乱真;并以行、草书最著,博取前人所长,用笔俊迈豪放。《宣和书谱》论其书"大抵初效羲之",自谓"善书者只有一笔,我独有八面"。

他传世作品甚多,以《苕溪诗卷》《蜀素帖》最为著名。《蜀素帖》为米芾书法精品,为他三十八岁时所作,其书法苍老凝练、行笔涩劲、沉稳爽利、清雅绝俗,可谓"超神入妙"。其书体为"二王"及唐、五代书风之延续,但与前人书法无一相似之处,是米芾自家风格之明证。明画家董其昌题跋曰:"米元章此卷,如狮子捉象,以全力赴之,当为生平力作。"

(三)米友仁

米友仁是米芾长子,故人称"小米",早年即以擅长书画而知名,宋徽宗宣和四年(1122),应选入掌书学。南渡后官提举两浙西路茶盐公事、兵部侍郎,敷文阁直学士,世称"米敷文"。

其为继承家学,少即以书画知名,擅画云山,略变其父之风格成一家之法。所绘画作,多以云烟变灭为法度,而风格看似草成,实则法度森严,自称"墨戏";且性格耿直、不附时风,自重为珍。善书法,"酷似乃父,亦精鉴赏",但有自家风格。

《潇湘奇观》为米友仁所绘山水画之代表作。图绘江边雪山、云雾变幻的奇境:只见浓云翻卷,远山坡脚隐约可见,随云气之游动变化，山形可隐可现；群山重叠起伏，远处峰峦终于出现于白云中；中段主峰耸起，宛如尖峰起伏；林木疏密，远近与层次清晰，显露真实；但末段一转山色，隐入淡远之间，体现自然界之造化神奇。

此画作者以"没骨法"取代隋唐北宋以来之"双勾法"，给人以自然美之印象，改变了山水画的形象和表现手法。作品主要运用泼墨法和破墨法，依仗水墨的晕染来塑造形象，很少用线勾勒，浓淡、虚实的墨色，使景致时隐时现，忽明忽晦，朦胧又富变化，故时人谓他"善画无根树，能描朦胧云"。笔与墨之巧妙结合，使得米氏之云山兼具"滋润"与"沉郁"之特色。

（四）赵孟頫及山水画

赵孟頫，元代书画家、文学家，字子昂，号松雪道人、水精宫道人，中年曾作孟俯，浙江湖州人氏，宋宗室之后裔。宋亡后，隐归乡里闲居。元世祖忽必烈搜访宋朝"遗逸"，经程钜夫荐举，始任兵部郎中，又官至翰林学士承旨，封"魏国公"，谥"文敏"。

赵孟頫精通音乐，善鉴定古物玉器，其中以书法、绘画成就尤高。山水画取法董源、李成，人物、鞍马师法李公麟和唐人；亦工墨竹、花鸟等画，所画风格皆以笔墨圆润苍秀见长，以飞白法画石，以书法用笔写竹；力主变革南宋院体格调，自谓"作画贵有古意，若无古意，虽工无益"，遥追五代、北宋法度，有评论谓"有唐人之致去其纤，有北宋人之雄去其犷"，遂开元代之新画风。

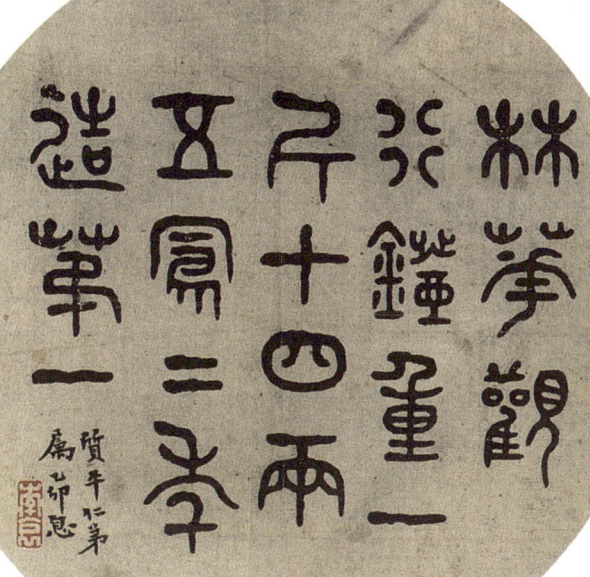

李叔同临汉铜镫铭文

悲欣交集——弘一法师自述

弘一法师绘罗汉长卷（局部）

弘一法师绘观音像

赵亦善诗文,其诗之风格以和婉为色;兼工篆刻,尤以"圆朱文"著称。传世画作有《鹊华秋色图》《红衣罗汉图》《幼舆丘壑图》《秋郊饮马图》《江村渔乐图》等。

《红衣罗汉图》所绘身着红色袈裟的罗汉盘腿坐于树下青石之上,左手前伸,神态安详,正在讲授佛法的情景。图中罗汉颇似西竺僧人,据悉他常与西域僧人往来,故能对西域人之神态特征刻画入微;其人物造型取法于唐之阎立本,即以铁线描勾勒,且用笔凝重,苍劲有力,人物形象逼真。

山水画,是指以山川河流等自然景观为主体的绘画,其最早只是作为人物画之背景而创作,后独立成一支最能代表国画艺术成就之画种。山水画注重整体构图效果,尤其以位置之摆放,神韵之表达,以及笔墨之浓淡为要点。

就风格之不同,又分水墨山水、青绿山水等小类。历代代表主人物有:唐之李思训,宋之李成、范宽、董源,元之黄公望、吴镇、王蒙、倪瓒,明、清二代之董其昌、王时敏、王鉴、王原祁、石涛、八大山人等名家。

四、明代名家与名画

(一)戴进

戴进,明代画家,号静庵,浙江杭州人。少年时当过金银首饰学徒,后改学绘画,刻苦用功,画艺大进,宣德年间供奉宫廷,因画艺高超而遭妒忌,遂被斥退。后浪迹江湖,卖画为生。

他擅长山水、人物。其山水画师法马远、夏圭,并取法郭熙、李唐,多是遒劲苍润手法;用笔劲挺方硬,水墨淋漓酣畅,发展了马远、夏圭传统。

人物画师法唐宋传统,兼长二笔、写意;工笔用铁线描和兰叶描;写意从马远变化而来,笔墨简括;花鸟画工笔、写意、没骨诸法皆擅长。人物佛像则能变通运笔、顿挫有力。

其画作在明中期影响较大,追随者甚众,人称"浙派",遂成明代前期画坛之主将,后世推他为"浙派"创始人。传世之作有《春山积翠图》《风雨归舟图》《三顾茅庐图》《达摩至慧能六代像》《南屏雅集图》《归田祝寿图》《葵石峡蝶图》《三鹭图》等。

(二)唐寅

唐寅出生于商家,故地位较低。其幼年即能刻苦学习,十一岁显出过人之才,并能写出一手好字。十六岁中秀才,二十九岁参加乡试,获"解元"(第一名)。次年,赴京会考,与他同路赶考的江阴地主徐经,因暗中贿赂主考官的家僮而事先得知考题,但事情败露。唐寅亦受牵下狱,遭受凌辱。此后,自负的唐寅对官场产生反感,自此,性格、行为流于不羁,后在好友祝允明规劝下发奋读书,决心以诗文书画终其一生。

唐寅性格狂放不羁,在绘画中则独树一帜,自成一家;其行笔秀润缜密,颇具潇洒清逸之韵味。他的山水画多表现为雄伟险峻、楼阁溪桥、四时朝暮的江山胜景;有时亦描写亭园幽境中文人逸士的悠闲生活。其山水画大幅气势磅礴,小幅清隽潇洒,题材多样。其人物画多写古今仕女或历史典故。其传世的画作有《王蜀宫妓图》《落霞孤鹜图》《事茗图》《看泉听风图》等。

《落霞孤鹜图》这幅画所取的名字，是根据唐寅在画的左上部自题诗而得。其诗曰："画栋珠帘烟水中，落霞孤鹜渺无踪；千年想见王南海，曾借龙王一阵风。"此幅《落霞孤鹜图》，是唐寅所绘山水画的代表作。画面表现的是崇岭峙立，几株柳树亭立，半掩水阁台榭，下临江水阁中一人独坐眺望，旁有童子侍立；不远处，落霞孤鹜，烟水微茫，故画中景观辽阔优美。此画技法工整，山石用湿笔点染，故线条流畅，风格潇洒俊秀，突显飘逸；画上自题诗是借王勃之少年得志，来为自己坎坷不平之遭遇而吐不愉。此画风格近于南宋院体，为他盛年得意之作。

（三）陈淳及花鸟画

陈淳，明朝画家，江苏苏州人，字道复，号白阳，又号白阳山人。曾学画于文徵明，后不拘师法，又法米芾、黄公望、王蒙。其山水较文徵明疏放开阔，盖学米友仁而致笔迹放纵也。其尤擅长水墨写意花鸟，开明代写意花鸟画之新局面。

前面讲过山水画，此处再讲一讲花鸟画之特色。花鸟画，亦是国画一大分类。泛指以花卉、鸟、兽等动植物为主体的绘画。此类创作之体裁，产生年代较人物、山水为晚，多讲求精细或趣味，刻画以精巧、传神为主。

画花鸟就表达形式的不同，又分为工笔花鸟及写意花鸟二类。以表现手法而言，国画主要以写意或工笔，或二者兼顾为主，但以讲究意境深远、气韵充实、画面传神为创作手法。以线条勾线传神、着色自然为特点，总以和谐为主旨；另以独特之手法，以印章为点缀，以达平衡、增韵为独创，是为东方绘画之魅力所在，更显完美，此为西洋画之所无。

大写意，即以张条疏散、施墨粗放为特点，削繁为简、遗形取神为手法，创作者多为泼墨粗画。小写意，即以简练归融为特色，多强调笔墨中之情趣，不苟求惟妙惟肖，但求整体气势与着色。工笔，是与写意不同的手法，与写意相反，多求刻画精确，要求工整、细致，乃至细节明确、刻画入微，手法以细腻、准确为度。

（四）仇英

仇英，明代画家，字实父，号十洲，太仓（今属江苏）人，后定居苏州。其出身工匠，后从周臣学画，因文徵明之推赞而知名当时，以卖画为生。

仇英擅画人物，尤长仕女；工于设色，又善水墨、白描。能运用不同笔法表现不同对象。刻画之人物形象，或圆转流利，或劲利有力，皆为精工、妍丽之作，世人有"周昉复起，亦未能过"之评。他的山水画多学赵伯驹、刘松年，所画青绿山水之作，多呈细润而风骨劲峭；亦善绘制花鸟。晚年客居于收藏家项元汴家，摹仿历代名迹，据称"落笔乱真"。

仇英在当时名家周臣门下学画，曾用心临摹古代佳作，因刻苦及天赋不凡，故而技艺大进，成就卓著，因而与沈周、文徵明、唐寅并称"明四家"或"吴门派"。

他所创作的题材很广泛，擅写人物、山水、车船、楼阁、界画等场景；尤擅长于临摹，技法之中，工笔、写意、白描俱佳；画风细腻工整、色彩华丽，取古德之长而又能化为己用，自成一格。

其传世作品有《春夜宴桃李园图》《柳下眠琴图》《桃村草堂图》《剑阁图》《松溪论画图》和《玉洞仙源图》。

《春夜宴桃李园图》描绘了李白"春夜宴桃李园"的故事,是历来众多画家偏好的题材。前人一般着眼于"欢歌"和"夜游"的情景,而这幅图的作者却表现"幽赏未已,高谈转清"的时刻——李白与友人于庭园中秉烛而坐,饮酒赋诗……身后有侍从、乐女相伴。其中,人物刻画传神,所勾勒的线条也是十分的秀丽婉转。

(五)董其昌

董其昌,华亭(今上海松江)人氏,明代著名书画家、书画鉴赏家兼书画理论家。字玄宰,号思白、香光居士,人称董华亭。万历进士,授编修,官至礼部尚书、太子太保,谥号文敏。

他的书法,先从颜真卿,后学虞世南,再后,又觉唐书不如魏晋,转学钟繇、王羲之,并参以李邕、徐浩、杨凝式等笔意,自谓"于率易中得秀色",其书法分行布白、疏宕秀逸,颇具个人特色,对明末清初的书风影响很大。

董其昌擅画山水,师法董源、巨然,以元代黄公望、倪瓒为宗,成为集历代画家之大成者。但重写意,不重写实,所画丘壑变化较少,而讲究笔致、墨韵,画格清润明秀、灵静飘逸。论画标榜"士气",将古代山水画家仿禅宗而分为"南宗""北宗",并推崇"南宗"(如王维者流)为文人画正脉,形成崇"南"贬"北"之己见,其说影响明代以后的画坛;又提倡作画须"读万卷书，行万里路"，此调对后世论画亦影响较大。

此人才华俊逸，好谈名理，善鉴别书画。书法出颜真卿，后遍学魏晋唐宋诸名家，并融诸家之长自创风格；其行书古淡潇洒，楷书则有颜真卿之率真韵味，草书植根于颜真卿的《争座位帖》《祭侄稿》，兼有怀素之圆劲和米芾之跌宕。与邢侗、米万钟、张瑞图合称"明末四大家"，对明末清初书风影响很大。

其书法结体宽绰，取颜真卿之布白而不强作恢弘，取米芾之"奇宕潇散，时出新致，以奇为正，不主故常"，故而笔势潇洒随意。传世之作有《秋兴八景图》《山庄秋景图》《昼锦堂图》等。

《秋兴八景图》一共有八开。画面描写作者泛舟吴门、京口时，一路上所见到的景色，既有草木繁茂、风雨迷蒙的江南丘陵特色，又有沙汀芦苇、远山横现的水乡情调。此画构图精巧、意境深远，虽简洁明了却不觉单调，韵味十足；技法集宋、元各家之长，形成苍秀雅逸的独特风格。

五、清代名家与名画

（一）吴宏及国画之装裱

吴宏，清代著名画家，字远度，号竹史，江西金溪人，"金陵八家"画派中的一员，长居江宁（今南京）。他自幼喜好书画，诗书皆精，曾在顺治十年（1653）游黄河，归来后笔墨一变为纵横放逸，改变以前的风格；书中说他"偶画墨竹，亦有水墨淋漓"之致。他的传世作品有《柘溪草堂图》《水榭待客图》《山村樵木图》等。

《柘溪草堂图》描绘的是坐落在白马湖东岸树丛中的小村、主人的优雅住所——柘溪草堂。因为环境太美，以至于主人邀请画家将它描绘下来，并将其日常的生活表现于中，使此画成为得意之作。画中的村前有一座小桥，湖水环绕着村庄，树林里的楼台面对湖水，主人或来客可登楼远眺，或与客人相对而坐、侃侃而谈，有如置身世外桃源。

有同学问及国画的装裱，此处再略讲一些国画装裱之相关知识。由于国画多绘于易于破碎、变形之宣纸或绢物之上，故我国国画均须在背后用纸托裱，以绫绢、纸等镶边后装上轴杆，以便保存留传。我国绘画装裱技术距今已有千余年的历史；在传统的意义上，国画装裱后才算是一幅完整的作品。国画装裱主要有立轴、册页、屏条及手卷。

立轴是国画中装裱的一种式样。中间部分叫"画心"（又名"画身"），上面称"天头"，下面称"地脚"，上、下又有"隔水"。装裱尺寸四尺以上的称为"大轴"，俗称"中堂"；特大的称为"大堂"或"大中堂"；三尺以下的画幅称"立轴"。上装天杆，下装轴。有的天头贴"惊燕带"（又称"绶带"），这种格式盛行于北宋宣和年间。"画心"上、下端加镶锦条，称之为"锦眉"。

册页是中国书画装裱的一种式样。因画身不大，亦称之为"小品"。有正方形，也有长方形、竖形或横形；有推蓬式、蝴蝶式和经折式三种；也有裱成单片的，称之为"散装"。一般册页均取双数，少则四开、八开、十开，多则十二开、十六开或二十四开。册页外镶边框,前、后添加副页,上、下加板面。这样,欣赏、携带、保存、收藏就比较方便了。

屏条是中国书画装裱的一种式样,由于画身狭长,所以有装裱成屏条形式的。屏条单独的称为"条屏";四幅并排悬挂的称为"堂屏"或"四季屏";也有四幅以上乃至十二幅、十六幅的,这些都是成双的完整画面,称为"通景屏"或"通屏"。

手卷也是装裱式样中的一种,也称"长卷"或"图卷"。外面有"包首",前面有"引首",中间是作品;紧连作品两边的叫"隔水",后面有"拖尾"。"包首"的上面贴有"题签"。历代名画如北宋王希孟的《千里江山图》、张择端的《清明上河图》,元代黄公望的《富春山居图》等,都是手卷的装裱式样。

(二)石涛

石涛是明朝悼僖王朱赞仪的第十世孙,父名朱亨嘉,曾于南明隆武时在广西自称"监国",后被俘遭杀,其时年尚幼小。他本来是明末皇族,未满十岁家庭惨遭变故,于是削发为僧,四处流浪;他法名叫原济,亦作元济(后人误传为"道济"),号石涛,又号苦瓜和尚、大涤子、清湘陈人等。

他因逃避兵祸,四处流浪,得以遍游名山大川,而悟大自然之奇妙造化;至清康熙时期,其名已传扬四海;他曾两次在扬州为康熙帝接驾,并奉献《海晏河清图》;晚年与王公贵族亦交往较密。

石涛所画山水、兰竹、人物等,讲求创意,构图善于变化,笔墨恣肆,意境新奇,一反当时仿古之风,王原祁评他为"大江以南,当推石涛为第一"。他的画作对扬州画派及近代中国画影响很大,兼工书法和诗,对画论尤有深入研究,所著有《苦瓜和尚画语录》较为有名。

其一生遍游名山大川作画写生,"搜尽奇峰打草稿",为明清时期最富创造性的一代大画家。他作画构图新奇,无论是黄山云烟、江南水墨,还是悬崖峭壁、枯树寒鸦,总能力求新奇,意境清新悠远,尤善用"截取法"以传深邃之境。石涛还讲求气势,故其笔势恣肆、淋漓洒脱而又不拘小疵,有豪放之态,以奔放见胜。

石涛善用墨法,枯湿、浓淡兼融并施,尤喜用湿笔,通过水墨的变化与笔墨的相融,多能表现山川之氤氲气象,或意境深远、厚重之态,有时用墨浓而显墨气淋漓,有时运笔酣畅流利或加方拙之笔,于是方圆结合以显朴实,秀拙相生而露清新。

他擅画山水,主张应细心体察大自然之景观,领会于心而下笔如有神助,笔墨"当随时代"而绘;画山水者应"脱胎于山川"、"搜尽奇峰",进而"法自我立",《黄山八胜图》即是其代表作之一。石涛的传世作品有《搜尽奇峰打草稿图》《黄山八胜图》《海晏河清图》等。

(三)八大山人

八大山人原名朱耷,清初著名画家,字雪个,号个山,后更号为个山驴、八大山人等,江西南昌人,明朝皇室之后。清初之时隐其姓名,隐居在南昌青云谱道观。

八大山人经历明清之际天翻地覆的时局变化，且自身从皇室沦为逸民，并为避害而出家，可见其饱经苦难；其诗文书画出众，但因家破国亡之故，装聋作哑，从其作品中可略见其心之悲怆。

朱耷擅画水墨花卉禽鸟，笔墨简括凝练、形象夸张、意境深刻；所写山水，画境冷清、枯寂；其水墨画技法对后世写意画影响很大；他的山水画及花鸟画，多所体现其内心孤寂遁世、清高自赏的风骨和性情品格，丝毫不比他的花鸟画逊色，兼有豪情纵逸的雄健风格、朴茂酣畅的凝重情意和生拙涩秀的奇特韵味，然而虚淡中含意多，蕴涵深刻。

八大山人书法成就颇高，致使将其画名掩盖，知者不多。其书法，行楷学王献之的淳朴圆润，并自成一格。其所写书体，以篆书之圆润施于行草，自然起落，以高超的手法将书法的落、起、走、住、叠、围、回等技巧藏蕴其中，且能不着痕迹，古人谓之"藏巧于拙，笔涩生朴"。由此可知八大山人书法之妙，世之少见。

能窥山人之书体全貌的，莫过于《个山小像》中其所题字包含篆、隶、章草、行、真等六体书之，可见其功力之深，世间罕见伦比者，可谓集山人书法之大成。其晚年时，书法达其艺术成就之巅，草书亦不再怪异、雄伟，如其所写之《行书四箴》《般若波罗蜜多心经》等，平淡无奇、浑若天成，无丝毫修饰，静穆单纯，似超脱凡俗，不着人间烟气，是书家所爱之珍品。

(四)邹喆及国画之技法

邹喆,清代画家。字方鲁,江苏吴县人。自幼随父亲客游金陵,其画宗法于其父。其山水画稳重而有古气,富简淡清逸、超绝脱俗之情趣,兼长水墨花卉。其画设色清雅,笔墨精练,画面意境清旷,笔墨秀润峭利,至令景物清隽生动、形象逼真。传世作品有《崇山萧寺图》《松林僧话图》《山水》等。

《崇山萧寺图》描写崇山峻岭山坳间,有寺院深藏幽静处,山脚下有水竹村庄、村舍错落;旁边溪回路曲、小溪蜿蜒;另板桥横跨,设色清雅,故而画面生动。其笔粗犷苍劲,又不失清淡超逸之趣,确属佳作。

最近,有同学来问国画技法,余在此略述一些。我国国画的技法自古流传的不少,此将常用者或有独特之处者如十八描、双勾、白描、皴法、没骨、泼墨等归纳如下:

十八描指人物画中衣服褶纹的描绘方法,又有"古今描法一十八"之称。此法在明代周履靖的《夷门广牍》和汪砢玉的《珊瑚网》中有讲述,简称"十八描"——即高古游丝描(顾恺之)、琴弦描、铁线描、行云流水描、马蝗描(又名"兰叶描",马和之)、钉头鼠尾描(武洞清)、混描、撅头描(马远、夏圭)、曹衣描[曹不兴(一说曹仲达——编者注)]、折芦描(梁楷)、橄榄描(颜辉)、枣核描、柳叶描(吴道子)、竹叶描、战笔水纹描、减笔描(马远、梁楷)、柴笔描、蚯蚓描。

双勾就是用线条勾描物像的轮廓,又名"勾勒"。因其基本是用左右或上下两笔勾描合拢,故又名"双勾",多用于工笔花鸟画。

白描指用墨线勾描物体而不加色彩的一种手法。唐代的吴道子、北宋的李公麟、元代的赵孟頫等都是白描的高手。

皴法指一种表现山石、树皮纹路的用笔方法。对历代画家根据山石的不同结构、质感、树木的纹理所创造的表现形式，是后人根据前人的经验以及对大自然的体会所总结的不同手法。历代下来，皴法主要有以下几种：披麻皴（董源、巨然）、直擦皴（关仝、李成）、雨点皴（范宽）、卷云皴（李成、郭熙）、解索皴、牛毛皴、荷叶皴（赵孟頫）、长斧劈柴皴（李唐、马远）、鬼脸皴（荆浩）、拖泥带水皴（米芾）、折带皴（倪瓒）、破网皴（吴伟）。树的皴法有：有鳞皴（松树皮）、绳皴（柏树皮）、交叉麻皮皴（柳树皮）、点擦横皴（梅树皮）、横皴（梧桐树皮）。

没骨指一种不用笔勾、墨画为骨，而直接用色彩涂抹、描绘物体的一种手法。五代黄筌所画花卉，勾勒用笔较细，着色后几乎不见笔迹，遂有"没骨花枝"之称；后来到北宋时期，有画家徐崇嗣学黄筌之手法，所绘花卉更是不加墨线勾线，只用彩色画成，世称"没骨画"，后人将此类画法称为"没骨法"。

泼墨指将墨泼于纸上后，随其形状画出景物的一种手法。相传唐代的王洽曾以墨于纸上而画出形神兼顾的画作，遂成绘画的创作方式。后世将用笔水墨饱满、淋漓尽致、气势磅礴的手法称为"泼墨"。

（五）髡残

髡残，湖南武陵（今常德）人，字介丘，号石溪，又号白秃,一号壤,自称残道人,晚年署名"石道人";在画坛上与石涛并称"二石",又与程正揆并称"二溪"。

据说,其母梦僧人入室而孕,因而他年岁稍长,总以为自己前生是僧人,故常思出家。程正揆在《石溪小传》中说髡残"廿岁削发为僧,参学诸方,皆器重之"。髡残自幼爱好绘画,年轻时放弃求取功名,二十岁削发为僧,云游名山;三十岁时明朝灭亡,他参加了何腾蛟的反清队伍,抗清失败后,避难常德桃花源。

髡残善绘画,尤其精于山水,绘画技法宗法黄公望、王蒙,早期基础出于明代谢时臣,所融之技法可上追元代四大家及北宋之巨然,曾说:"若荆、关、董、巨四者,得其心法惟巨然一人。巨然媲美于前,谓余不可继迹于后。"他习学元代四家以及明代大画家董其昌的画法,同时敢于"变其法以适意",并以书法入画,不做临摹效響,此真可见其重情用心、重视笔墨技法之处。

他在艺术上主张抒发个性,敢于创新,反对古板陈旧、墨守成规,其作品充满质朴的感情,似不假造作、真挚感人,故而风格独特,于当时成就最为突出,对后世影响很大。

髡残的山水画章法稳健,繁杂严密而不堵,郁茂浓厚而不塞,景色不以新奇取胜,而以平凡见其幽深处。其善用雄健之秃笔和渴墨,层层皴擦勾染,厚重而不板滞,秃笔而不干枯,是以他的作品具有"奥境奇辟,缅邈幽深,引人入胜"的艺术境界。

他平生喜游历名山大川,对大自然之博大神奇有其独到的领会,后住在南京牛首山幽栖寺。曾自谓平生有三惭愧:

"常惭愧这只脚,不曾阅历天下多山;又常惭此两眼钝置,不能读万卷书;又惭两耳,未尝记受智者教诲。"

髡残的性格比较孤僻,书中云他"鲠直若五石弓,寡交识,辄终日不语"。对于禅学,他亦有独到之体悟,能"自证自悟,如狮子独行,不求伴侣者也"。他的画学,在当时已有相当造诣,受到周亮工、龚贤、陈舒、程正揆等人的推崇,因而他在当时的佛教界和艺术界皆有很高的声望。

髡残从事绘画比他人艰难,也付出更多心力,因其一生多受病痛折磨,可能与他早年避兵隐居桃源深处有关,但他从未放逸其心。他尝在《溪山无尽图卷》自题省悟之语,颇为感人。其语云:"大凡天地生人,宜清勤自持,不可懒惰。若当得个懒字,便是懒汉,终无用处。出家人若懒,则佛相不得庄严而千家不能一钵也。神三教同是。残衲时住牛首山房,朝夕焚诵,稍余一刻,必登山选胜,一有所得,随笔作山水画数幅或字一两段,总之不放闲过。所谓静生动,动必做出一番事业,作一个立于天地间而无愧的人。若忽忽不知,惰而不觉,何异于草木!"

张庚在《国朝画征录·髡残传》中有评云:"石溪工山水,奥境奇辟,缅邈幽深,引人入胜。笔墨高古,设色精湛,诚元人之胜概也。此种笔法不见于世久矣。"由此可见,髡残之画深得元代四大家之精髓。

髡残的《层岩叠壑图》看似排列凌乱,却有"山外有山,移步换景"之效果。其中的山石草木、亭台楼阁经营位置较妙,能达相互交融、相互呼应而又变幻莫测的意境;而山石结构忽而清晰,忽而别致,前后又能浑成一体,让人忍不住反复观看、揣摩，并觉兴味盎然。

（六）弘仁

弘仁，明末清初画家，僧人，安徽歙县人。俗姓江，名韬，字六奇；明末诸生，明亡后出家，法名弘仁，字无智，别名渐江，自号渐江学人，又号渐江僧、无智、梅花老衲。自幼丧父，家贫，事母至孝，一生未娶。

他是明末秀才，明亡后，有志抗清，离歙赴闽，入武夷山为僧，师从古航禅师；云游各地后回歙县，住西郊太平兴国寺和五明寺，经常往来于黄山、雁荡山；工诗文、书法，其诗多从国家身世有感而发，其中尤其以民族感情至为强烈，其人画风萧散淡泊、简洁冷峭。

他擅画山水，取法宋元诸家，尤喜倪瓒（云林），师其法而用功最多；虽尊帅法，但又不拘于师法，并能独自创新，所谓"师法自然，独辟蹊径"可作他艺术生涯的注脚。他的作品多画黄山，构图简洁，山石方折，险峰壁立，奇松倒挂；笔墨秀逸而凝重，意境宏阔亦淡远；其画气势峻伟，先声夺人；其人亦善画梅，绘画多得梅花疏枝淡蕊、冷艳寒香之韵致。

弘仁早年从学孙无修，中年师从萧云从，从宋元各家入手，后来师法"元代四家"，尤崇倪瓒画法，作品中如《清溪雨霁》《秋林图》《古槎短荻图》等取景清新，多有云林遗意。他对倪瓒十分崇拜，曾于画中题诗云"迁翁笔墨予家宝，岁岁焚香供作师"，可见其尊重如斯。

弘仁以画黄山而闻名，世人谓"得黄山之真性情"，笔墨苍劲整洁，富秀逸之气，给人以清新之意趣。与石涛、梅清同为"黄山画派"中的代表人物。查士标在他的山水画题云:"渐公画入武夷而一变,归黄山而一奇。"

弘仁的绘画于当时及后世皆享誉极高,后人将其与髡残、朱耷、石涛合称"清初四高僧";又与汪之瑞、查士标、孙逸合称为"新安派四大家",又称"海阳四家",弘仁居首位。学他画风的有祝昌、高翔、秦涵等人。

张庚在《国朝画征录》中说:"新安画多宗清(倪瓒)者,盖渐师道先路也。"代表作有《长松羽士图》《松石图》《黄山蟠龙松》《梅屋松泉图》《黄海松石图》等。

附:

文房四宝

(一)笔

毛笔的制造历史非常久远。早在战国时,毛笔的使用已相当发达。从笔毫的原料上来分,就有兔毛、白羊毛、青羊毛、黄羊毛、羊须、马毛、鹿毛、麝毛、獾毛、狸毛、貂鼠毛、鼠须、鼠尾、虎毛、狼尾、狐毛、獭毛、猩猩毛、鹅毛、鸭毛、鸡毛、雉毛、猪毛、胎发、人须、茅草等。从性能上分,则有硬毫、软毫、兼毫。从笔管的质地来分,又有水竹、鸡毛竹、斑竹、棕竹、紫檀木、鸡翅木、檀香木、楠木、花梨木、沉香木、雕漆、绿沉漆、螺钿、象牙、犀角、牛角、麟角、玳瑁、玉、水晶、琉璃、金、银、瓷等。从笔的用途来分,有山水笔、花卉笔、叶筋笔、人物笔、衣纹笔、没骨笔、彩色笔等。依笔的特性而有"四德"之说,即"尖、齐、圆、健"。尖:指笔毫聚拢时末端要尖端，笔尖则写字较易传神。齐：指笔尖润开压平后毫尖平齐。毫若齐则运笔时方能达到"万毫齐力"的效果。圆：指笔毫圆满如枣核之形。书写运笔自能圆转如意。健：即笔腰弹力，随即恢复原状才是正品。笔有弹力所写出的字会显得坚挺峻拔。

（二）墨

墨是古代书法绘画中必不可缺的用品。东汉时期，出现人工墨品，这种墨原料取自松烟，最初是用手捏合而成，后来用模制，墨质坚实，以陕西省千阳县隃麋的松树烧制的墨最为有名。

墨的外表形式较多，依形状可分本色墨、漆衣墨、漱金墨、漆边墨。

墨又分"油烟"和"松烟"两种。油烟墨是用桐油或添烧烟加工制成，它的特点是色泽黑亮，有光泽。松烟墨用松枝烧烟加工制成，它的特点是色乌而无光泽。中国画一般多用油烟，只有着色的画偶然用松烟。我们所谓的墨，一般是加工制成的墨锭或墨块。在选择墨锭时，一定要看它的墨色，其中以泛青紫光的最好，黑色的差些；以泛红黄光或有白色的为最差。磨墨的方法，是放入清水后慢慢地磨研，磨到墨汁浓稠为止，但注意要用力平均。用墨要新鲜现磨，磨好了而时间放得太久的墨称为宿墨，宿墨一般书家是不用的。

（三）纸

纸是中国古代四大发明之一，造纸的主要材料多为植物纤维，主要以竹和木为主。

宣纸以安徽宣城而得名，但宣城本身并不产纸，而是周围诸地区产纸,后以宣城为造纸集散地的原因,方称宣纸。今日最名贵之书写用纸便是玉版宣了。玉版宣是将合桑、短节木头、稻秆与檀木皮,以石灰浸泡后制作而成,吸墨性最强,质地最优。因宣纸昂贵,所以一般习字多用毛边纸——这种纸所用原料以竹为主,色呈牙黄,质地精良。元书纸和毛边纸相似,但现在已不多见。写字或绘画,在纸的选择上也有讲究。应选质地柔韧厚密的纸张,因为纸张质地不佳则易损笔,而且不容易保存,古今名纸多以品质著称,如澄心堂纸的"密如玺",玉版宣的"柔韧、耐久"。纸质应以"坚韧紧密""色彩洁白、吸墨适度"为选纸原则,而且应根据所临碑帖来选择纸——如锋芒显露、神采奕奕者,多用笺纸类;温润含蓄、风华内敛者,则可选用宣纸类。

(四)砚

砚之起源很早,大约在殷商初期就有了。砚是用来磨墨的,所以质地要求细腻滋润。最有名的当数广东产的端砚和安徽产的歙砚。

端砚出产自广东高要城斧柯山,唐代以前属端州,因故而得名。端砚有一个特征,为"有眼",如"鹦哥眼""鸲哥眼"等,据说是石嫩则眼多,石老则眼少,也有以眼来判砚的品质优劣——最上品为活眼,其次是泪眼、死眼等。另外,端石的颜色也是品质优劣的标准,有紫、青、白等颜色,而以白色为最好,紫色的最差。端砚据说有三个优点,即下墨、发墨、不损毫。

歙砚与端砚并称,因产于歙州而得名。歙砚有"纹",如同端砚之眼,因而也叫罗纹砚。其纹有粗细之分,细纹为砚中奇才,粗罗纹亦为上品,据说能与端砚中的上品相媲美。另有眉子砚,其纹如人之眉而得名,与罗纹砚无异。歙砚之特性亦如端砚,而歙砚偏重发墨,宜写大字;端砚偏于细润、停水,适宜书写小字。

中西绘画的比较

中国画注重写神，西画重在写形。由于文化传统的不同，写作材料的不同，技法、作风、思想意识上种种不同，形式内容也作出两样的表现。中画常在表现形象中，重主观的心理描写；西画则从写实的基础上，求取形象的客观准确。中画描写以线条为主，西画描写以团块为主，这是大致的区别。初习绘画，不论中西，都要经过写形的基本练习，你向来学国画，现在又经过了练习西画的写生，一定感觉到西画写生方法，要比中国画写形基本方法更精密而科学。中画的"丈山尺树、寸马豆人"不若西画的远近透视、毫厘可计；中画的"石分三面，墨分五彩"，不若西画的阴影、光线、色调各有科学根据。中画虽不拘泥于形似，但必须从形似到不拘形似方好；西画从形似到形神一致，更到出神入化。中画讲笔墨，做到"使笔不可反为笔使，用墨不可反为墨用"，从而"寄兴寓情，当求诸笔墨之外"。宇宙事物既广博，时代又不断前进，将来新事物，更会层出不穷，观察事物与社会现象作描写技术的进修，还须与时俱进，多吸收新学科，多学些新技法，有机会不可放过。

图画修得法

我国图画，发达盖早，黄帝时史皇作绘，图画之术，实肇乎是。有周聿兴，司绘置专职，兹事浸盛。汉唐而还，流派灼著，道乃烈矣。顾秩序杂沓，教授鲜良法，浅学之士，靡自窥测，又其涉想所及，狃于故常，新理眇法，匪所加意，言之可为于邑。不佞航海之东，忽忽逾月，耳目所接，辄有异想。冬夜多暇，掇拾日儒柿山、松田两先生之言，间以己意，述为是编。夫唯大雅，倘有取于斯欤？

一、图画之效力

浑浑圆球，汶汶众生，洪荒而前，为萌为芽，吾靡得而论矣。迨夫社会发达，人类之思想浸以复杂，而达兹思想者，厥有种种符号，思想愈复杂，符号愈精密。其始也，蟠屈其指，作式以代，艰苦万状，阙略滋繁。厥后代以语言，发为声响，凡一己之思想感情，佥能婉转以达之，为用便矣。然范围至狭，时间綦促，声响飘忽，寰不知其所极，其效用犹未为完全也。于是制文字、尚纪录，传诸久远，俾以不朽。虽然社会者，经岁月而愈复杂者也，吾人之思想感情，亦复杂日进，殆鲜底止。而语言文字之功用，有时或穷，例如今有人千百，状人人殊，必一一形容其姿态服饰，纵声之舌，笔之书，匪涉冗长，即病疏略，殆犹不无遗憾，而所以弥兹遗憾，济语言文字之穷者，是有道焉。厥道为何？曰唯图画。图画者，为物至简单，为状至明确，举人世至复杂之思想感情，可以一览得之。挽近以还，若书籍，若报章，若讲义，非不佐以图画，匡文字语言之不逮。效力所及，盖有如此。

说者曰："图画者，娱乐的，非实用的。"虽然，图画之范围綦广，匪娱乐的一端所能括也。夫图画之效力，与语言文字同，其性质亦复相似。脱以图画属娱乐的，又何解于语言文字？倡优曼辞独非语言，然则闻倡优曼辞，亦谓语言属娱乐的乎？小说传奇独非文字，然则诵小说传奇，亦谓文字属娱乐的乎？三尺童子当知其不然矣。人有恒言曰："言语之发达，与社会之发达相关系。"今请易其说曰："图画之发达，与社会之发达相关系，蔑不可也。"人有恒言曰："诗为无形之画，画为无声之诗。"今请易其说曰："语言者无形之图画，图画者无声之语言，蔑不可也。"若以专门技能言之，图画者美术工艺之源本。脱疑吾言，曷鉴泰西一千八百五十一年，英国设博览会，而英产工艺品居劣等。揆厥由来，则以竺守旧法故。爰憣然自省，定图画为国民教育必修科。不数稔，而英国制造品外观优美，依然震撼全欧。又若法国自万国大博览会以来，不惜财力、时间、劳力，以谋图画之进步，置图画教育视学官，以奖励图画。而法国遂为世界大美术国。其他若美，若日本，金模范法国，其美术工艺，亦日益进步。夫一叶之绢，一片之木，脱加装饰，顿易旧观。唯技术巧拙，各不相捋，价值高下，爰判等差。故有同质同量之物，其价值不无轩轾者，盖有由也，匪直兹也。图画家将绘某物，注意其外形姑勿论，甚至构成之原理，部分之分解，纵极纤屑，靡不加意。故图画者可以养成绵密之注意，锐敏之观察，确实之智识，强健之记忆，着实之想象，健全之判断，高尚之审美心。

此图画之效力关系于智育者也。若夫发挥审美之情操，图画有最大之伟力。工图画者其嗜好必高尚，其品性必高洁，凡卑污陋劣之欲望，靡不扫除而淘汰之，其利用于宗教教育道德上为尤著，此图画之效力关系于德育者也。又若为户外写生，旅行郊野，吸新鲜之空气，览山水之佳境，运动肢体，疏瀹精气，手挥目送，神为之怡，此又图画之效力关系于体育者也。

二、图画的种类

图画之种类至繁綦赜，匪一言所可殚，然以性质上言之，判图与画为两种，若建筑图、制作图、装饰图模样等。又不关于美术工艺上者，有地图、海图、见取图[①]、测量图、解剖图等，皆谓之图，多假器械补助而成之。若画者，不以器械补助为主。今吾人所习见者，若额面[②]、若轴物、若画帖，皆普通画也。又以描写方法上言之，判为自在画与用器图两种。凡

---

① 见取图：即示意图。
② 额面：即带框的画。

知觉与想象各种之象形,假目力及手指之微妙以描写者,曰自在画;依器械之规矩而成者,曰用器图。之二者为近今最普通之名称。

三、自在画概说

（一）精神法

吾人见一面,必生一种特别之感情,若者严肃,若者滑稽,若者激烈,若者和蔼,若者高尚,若者潇洒,若者活泼,若者沉着,凡吾人感情所由发,即画之精神所由在。精神者千变万幻,匪可执一以搦之者也。竹茎之硬直,柳枝之纤弱,兔之轻快,豚之鲁钝,其现象虽相反,其精神正以相反而见,殊于成心求之,俱矣！故作画者必于物体之性质、常习、动作,研核翔审,握管抟写,庶几近之。

（二）位置法

论画与画面之关系,曰位置法。普通之式,画面上方之空白,常较下方为多。特别之式,若飞鸟、轻气球等自然之性质偏于上方,宜于下方多留空白,与普通之式正相反。又若主位偏于一方,有一部歧出,其歧出之地之空白,宜多于主位。其他向左方之人物,左方多空白。向右方之人物,右方多空白。位置大略,如是而已。

（三）轮廓法

大宙万类,象形各殊。然其相似之点正复不少。集合相似之点,定轮廓法凡七种。

1. 竿状体:火箸、鞭、杖、棒、旗杆、钓竿、枪、笔、铅笔、帆樯、弓、矢、笛、锹、铳、军刀、筏乘等之器用。竹、兰草、女郎花等之禾本类隶焉。

2. 正方体(立方平板体、长立方体属此类):手巾、包袱、石板、书籍、书套、算盘、皮箱、箱子、方盒、砚台、笔袋、镜台、方圆章、方瓶、大盆、烟草盆、刷毛、尺、桥床、几、方椅方凳、马车、汽车、汽船、军舰、帆船、衣服折等之器用。马、牛、鼠、鹿、猫、犬等之兽类隶。

3. 球体(椭圆卵形属此类):日、月、蹴球、达摩、假面、茶壶、茶碗、釜、地球仪、瓢帽、眼镜等之器用;桃、李、橘、梨、橙、柿、栗、枇杷、西瓜、南瓜、茄子、葫芦、水仙根、玉葱等之果实野菜类;鸠、家鸭、莺、燕、百舌、鹤、雀、鹭等鸟类;各种化类。有姿势之兔、鼠、金鱼、龟、茧等隶焉。

4. 方柱体:道标、桥栏、邮筒、书箱、纪念碑、五重塔、阶段、家屋等隶焉。

5. 方锥体:亭、街灯、金字塔、炭斗,或家屋、建筑物等隶焉。

6. 圆柱体:竹筒、印泥盒、饭桶、灯笼、鼓、手卷、千里镜、笔筒等之器用类;乌瓜、丝瓜、胡瓜、白瓜、萝卜、藕、荚豆等之野菜类。鳅、鳗、鲇等之鱼类隶焉。

7. 圆锥体:独乐、喇叭、笠、伞、蜡烛、桶、洋灯、杯、壶、臼、杵、锥、锚、电灯罩等隶焉。

又有结合七种之形态,成多角体之轮廓。凡花草、虫鱼、鸟兽、人物、山水等,属此类者甚多。

篆刻简述

一、缘起

承蒙诸位抬举,说我于篆刻有所深研,这些话实在过誉。既然诸位对敝人学篆刻的事感兴趣,那么敝人就略述个中简概,以供诸位参考。因我国篆刻艺术渊远流长,从头讲起,恐篇幅太长而时间不许,故今日先略讲明代以前的篆刻发展,之后将从明代流派开讲,因明代以前,篆刻多用于官府,文人士子亦多不涉及;明以后,篆刻方为文人所自习,遂成文化大观。

篆刻,自商周始即应用于政治中,后影响所及更广,举凡政治、经济、军事、法律、文化、艺术乃至宗教,无不产生过密切联系;且其美术价值极高,故与书法、绘画最终鼎足而立,故不可轻视其艺术特性。经过几千年的发展与变革,至明清之际蔚为大观,终成独立之艺术。

篆刻起源,据考起自商周,那时多用于帝王之玺或官府之印。至春秋战国时期,刻印已有私用,间有当著饰物者,因当时小国林立,故篆刻之印因文化之差异而风格各异。

至秦汉时期，篆刻之法更趋成熟，因文化成就所影响，尤其汉代篆刻，其印面篆文与处理方法，一直为篆刻家追求的艺术境界，认为那是篆刻艺术难以逾越的艺术巅峰。

经魏晋南北朝而到隋唐时，因文化的高度发展，故篆刻也呈现出"中兴"气象，其中尤其是因皇帝的收藏，以及用于鉴赏字画之印，因而隋唐时，篆刻在继承之上有所发展。

到宋元时期，官印、私印比前代都有所增加，且于此时出现了文人自篆自刻的现象了。后人将元朝王冕视为文人自刻印章之第一人，又因赵孟頫、吾丘衍等文人提出篆刻复古的思想，加之古印谱的汇集与印刷业的发达，因而开文人篆刻之先河。此时的篆刻著作，较有名者如钱选的《钱氏印谱》、赵孟頫的《印史》（一卷）、吾丘衍的《古印式》（二卷）、吴睿的《汉晋印章图谱》、杨遵的《杨氏集古印谱》、陶宗仪的《古人印式》等，故篆刻至元代时已有长足的发展。

至明代时期，因文彭、何震、苏宣等人的爱好与成就，加上古印谱的印刷与流通，故令篆刻艺术于明朝一代大放异彩，后形成了不少流派。其中，以文彭、何震、苏宣最为杰出。

到清代时，篆刻更是达到空前的发展，其成就几乎可与汉代比肩。其时主要以汲古、创新为特色，流派纷现、个性分明，且不乏篆刻之大家，令篆刻又达一座新高峰。

以上为篆刻之艺术特点，简述如上，以利综观，详情容后再述。

二、明代篆刻

前面讲到，篆刻至元代时，已从官印扩充到私印，并出现文人自刻自篆之风。这主要是因为宫廷及民间辑录的古印谱增多；加上大书法家赵孟頫、吾丘衍等人的提倡；又因印刷业的发达，令印谱流传渐广，故篆刻至元代，不但开文人自刻之先河，且开复兴之气象。

明代时期，因印刷之便利、石材多样化，以及印学理论之兴起，于是文人篆刻渐成风气，致使文人流派异军突起，成为明代艺术风景线上一道亮丽的景色。其中，文彭、何震二人被世人认为是明后期最杰出的两大印家，对当时篆刻艺术影响极大。

(一) 文彭

文彭，字寿承，号三桥，长洲（今江苏苏州）人，书法家文徵明的长子，与弟弟文嘉一起称誉艺坛，曾任两京国子监博士，故世称"文博士"。他是明代中期著名的篆刻家，是明代篆刻史上的先驱者。

文彭曾尝试将青田石作刻印材料，很成功，后被文人广泛采用和传播；又因其身份显赫，又开风气之先河，故后人公认其为明代篆刻之领袖。时人对他评价较高，如朱简云："德靖之间，吴郡文博士寿承氏崛起，树帜站坛……自三桥而下，无不人人斯籀，字字秦汉，猗欤盛哉！"可见其影响所及。

据明代王野的评论，文彭的篆刻作品"法虽出入，而以天韵胜"。以其作品观之，其印以安逸清丽为主调，刻意师法汉代，但亦有宋元之遗风。以其书画作品上的钤印考之，后世认为出自文彭之手的，如"文彭之印"（朱、白各一）、"文寿承氏"、"文寿承父"、"寿承氏"、"三桥居士"等；常见者为

"寿承氏""七十二峰深处"二印。这些印的四周边栏都呈现严重剥蚀状,颇似金石所印效果,而这种洁净的篆法配以古朴边栏的处理方法,成为后世修饰印面技艺之先声。

综观其于篆刻之贡献,可分为二:一是开创以石材刻印,后遂成风气,开辟了石章之先河;二是师法秦汉,摈除宋元之流弊,有承前启后之功绩。他所开创的"吴门派"(亦称"三桥派"),开篆刻流派之端绪,故后人将他视为流派篆刻之开祖。

(二)何震

何震,字长卿,又字主臣,号雪渔,安徽婺源(今属江西——编者注)人,明代著名篆刻家,与文彭合称为"文何派"。

何震一生曾游历过江苏、浙江、上海、福建等地,是一位终生靠卖印为生的篆刻家。早年客居南京,曾与文彭探讨六书,终日不休。后来,由友人汪道昆(著名文学家,官至兵部左侍郎)引荐后,遍历边塞,因篆艺精到,故而名噪一时;晚年又回到南京,后居承恩精舍,"直至无钱,主僧为之含殓"。

何震一生对篆刻痴迷,而贡献亦大。他的作品多呈苍劲老练、持重稳重之势,用力刚猛,线条犀利,如"云中白鹤"一印即是,其他易见之精品,如"沽酒听渔歌""兰雪堂"等印。

他的印颇具秦汉章法,对其作品也推崇备至,说其"白文如晴霞散绮、玉树临风,朱文如荷花映水、文鸳戏波……莫不各臻其妙,秦汉以后一人而已"。董其昌更有"小玺私印,古人皆用铜玉。刻石盛于近世,非古也;然为之者多名手,文寿承、许元复其最著已。新都何长卿从后起,一以吾乡顾氏《印薮》为师,规规帖帖,如临书摹画,几令文、许两君子无处着脚"之语。

后于明万历二十八年(1600)辑自刻印而成印谱,取名《何雪渔印选》,开印家汇编自刻印之先河,颇具开拓之精神。时人称他的成就为"近代名手,海人推为第一",诚实语也。

他后来开创了"雪渔派",篆刻风格影响当时篆刻界,乃至整个文化艺术界及政治用途,其后延续至明末清初,可见其印影响之大,时人多争相收藏其所篆之印——"工金石篆刻,海内图书出其手者,争传宝之。生平不刻佳石及镌人氏号,故及今流传尚不乏云"。

(三)苏宣

苏宣,字尔宣,安徽歙县人,篆刻曾得文彭的传授,但受何震的影响较大。其印中精品有"啸民""苏宣之印""流风回雪"等,所治之印,篆法自然,刚劲有力,既有何派之猛利,以掺以自家之平实,故别具一番新气象。

他在晚年总结治印心得时说:"始于摹拟,终于变化,变者愈多,化者愈化,而所谓摹拟者愈工巧焉。"其印与何震的"神而化之"是相承的,故明代吴钧赞叹其印"雄健",有浑朴豪放之势。苏宣亦曾感慨云:"余于此道,古讨今论,师研友习,点画之偏正,形声之清浊,必极其意法,逮四十余年,其苦心何如!"

他曾在文彭家设馆,得文彭传授篆法;后纵览秦汉玺印,深得汉印的布白之妙,在朱、白文的处理上充分汲取了斑驳气息,多追求金石气息,因其印古朴苍浑,故名扬海内。因他的篆刻在当时颇有名气,仅次于文、何,时人称他与文彭、何震三家鼎立,曾著有《苏氏印略》,计四卷。

(四)朱简

朱简,明代篆刻家,字修能,号畸臣,后改名闻,安徽休宁人。其人工诗文,精研古代篆体,师事陈继儒。曾从友人收藏品中看过大量的古印原拓本,后来花了两年时间精心摹刻,编成《印品》二集,对于后人分辨印章真假,考证玺印,深研章法都有极大好处;并首创印学批评,提出篆刻分"神、妙、能、逸"四品,为其独到见解。其印有"董玄宰""董其昌""陈继儒""冯梦祯印"等,可谓其代表作。

其篆刻着重笔意,以切刻石,后自成一家。他曾在《印章要论》中说:"印始丁商周,盛于汉,沿于晋,滥觞于六朝,废弛于唐宋,元复变体,亦词曲之于诗,似诗而非诗矣。""印谱自宣和始,其后王顺伯、颜叔夏、晁克一、姜夔、赵子昂、吾子行、杨宗道、王子弁、叶景修、钱舜举、吴思孟、沈润卿、郎叔宝、朱伯盛,为谱者十数家,谱而谱之,不无遗珠存砾、以鲁为鱼者矣。今上海顾氏以其家所藏铜玉印,暨嘉禾项氏所藏不下四千方,歙人王延年为鉴定出宋元十之二,而以王顺伯、沈润卿等谱合之木刻为《集古印薮》,裒集之功可谓博矣。然而玉石并陈,真赝不分,岂足为印家董狐耶?"可见其涉猎及领悟颇深。

对于篆法,他认为:"石鼓文是古今第一篆法,次则峄山碑、诅楚文。商、周、秦、汉款识碑帖印章等字,刻诸金石者,庶几古法犹存，须访旧本观之。其他传写诸书及近人翻刻新本，全失古法，不足信也。"此可谓至论，值得我辈深思！

善诗，与李流芳、赵声光、陈继儒等交往较密；由于他的广见博闻，故其在印学理论上的造诣颇深，著有《印品》《印经》《菌阁藏印》《修能印谱》行世。

（五）汪关

汪关，原名东阳，字杲叔，后得一方汉代"汪关"古铜印，遂改名汪关，后更字尹子，安徽歙县人。汪关不仅痴迷收藏，还喜钻研秦汉古玺印章，并潜心摹刻；他的儿子汪泓在其影响下亦爱上刻印。汪关父子开创了一种明快工稳、恬静秀美的印风，深得众人青睐；但因过于痴迷，故得"大痴""小痴"之雅号。

汪关父子的印风对后世影响较大。与他们同时代的著名书画家、篆刻家李流芳在《题杲叔印谱》中赞道："今世以此道行者，自长卿（何震）而后，有苏啸民、陈文叔、朱修能诸人，独杲叔（汪关）独痴，足迹不出海隅，世无知之者。然能有汉、宋、元之长，而独行其意于刀笔之外者，不得不推杲叔。吾谓长卿之后，杲叔一人而已。世有知者，当不以吾言为妄也。"可见其于艺术追求之执着不同一般。

汪关治印朴茂稳实，仿汉印神形俱备，他治印，善使中刀，刀法朴茂稳实，章法一丝不苟，深得汉印神韵，边款亦有功力，为明人追摹汉法之开创者，令当时印坛面目一新，受其影响者有沈世和、林皋等。著有《宝印斋印式》二卷行世。

（六）明代印谱

明代时期，文人或篆家汇集古印而辑成谱者众，可谓"蔚然成风"，其中最有影响的当推明万历年间顾从德所汇集之《印薮》（木刻本）——此谱原拓本名为《集古印谱》，初仅拓二十部，"虽好者难睹真容"，在当时影响极大。三年后又作修订，屡经翻版，故流传极广，对当时篆刻的传播与推广有较大的影响。

当时，大部分篆刻家集中在以南京、苏州为中心的江南，故篆刻与文学、书法、绘画交流较密；而不少书画名家也乐于自刻自篆，如文彭、赵宧光、朱简、李流芳等人。由于印学理论在发展中形成了两派意见，即主张复古和反对复古，因而促进了印学理论的进步。而明代的印学著作最为杰出者，当推周应愿的《印说》，朱简的《印品》和徐上达的《印法参同》。《印说》一书所涉甚广，论议中常有精要之言，并对时兴之石章镌刻法总结出六种刀法之害，对后世影响极大；它还于中提出了审美之见解，可算得上是篆刻美学开创性作品。而《印品》一书，是朱简广交印家及收藏家，看过他们收集的古今印章近万枚，共花了十四年时间摹刻了自周秦至元明间的各类玺印刻章，并详加评论，而编成《印品》一书，共计五册。《印法参同》一书，是徐上达对篆刻技法与理论的深入和发挥，颇具艺术价值，对明代及清代的印学有极大的贡献。

三、清代篆刻

习书法篆刻，宜从《说文》的篆字入手，隶、楷、行等辅之；书法篆刻作品皆宜作图案观，古人云"七分章法，三分书法"，谓为信然，诚为笃论。于常人所注之字画、笔法、笔力、结构、神韵，乃至某碑某帖某派，吾人皆一致摒除，不刻意用心揣摩，此为自见，不知当否？

篆刻之法，亦应求自然之天趣，刻印亦可用图画的原则，并应注重章法布局。篆刻工具，可用刀尾扁尖而平齐若锥状之刻刀，因锥形之刀仅能刻白文，如以铁笔写字也；扁尖形之刀可刻朱文，终不免雕琢之痕，不若以锥形刀刻白文，能得自然之天趣也。此为敝人之创论，不知当否？

敝人写字时，皆依西洋画图案之原则，竭力配置、调和全纸整体之形状，故朽人所写之字，应作一张图案画观之则可矣，决不用心揣摩。不唯写字，刻印也是相同的道理。无论写字、刻印，道理是相通的；而"字如其人"，某人所写之字或刻印，多能表现作者之性格（此乃自然流露，非是故意表示）。体现朽人之字者：平淡、恬静，中逸之致是也，诸君作参照可也。

篆刻印章起源甚早，据《汉书·祭祀志》载："自五帝始有书契，至于三王，俗化雕文，诈伪渐兴，始有印玺，以检奸萌。"可见，远在三千七百多年前的殷商时代，便有刻字艺术了。

到了周代，以青铜质为主的"周玺"大为兴起，形状各异，一般分为白文、朱文两种。至秦代，因文字由"籀书"渐演变成篆书，而印之形式亦趋广泛，故印文圆润苍劲，笔势挺拔。

至汉代，篆刻艺术颇为兴盛，所刻之印，史称"汉印"，其字体由小篆演变成"隶篆"。汉印的印制、印纽亦十分精美。西泠八家之一的奚冈曾有"印之宗汉也，如诗文宗唐，字文宗晋"

之语,可视为综述。

唐宋之际,印章体制仍以篆书为主。直到明清两代,印人辈出,篆刻便以篆书为基础,而佐以雕刻之法,于印面中表现疏密、离合之形态,篆刻遂由雕镂铭刻转为治印之举。

而尤其是清朝一代,大家辈出,流派纷立,据周亮工的《印人传》记载,不下百二十余人。其中,标新立异者有之,奉行古法者有之,风格及式样层出不穷,致令篆刻之艺蔚为大观。其成就可与汉代媲美,因得力于古物之出土渐多,故有参照、临摹之便,因吸取商周秦汉古印之力,乃有清代之杰出成就。

其中,以程邃、巴慰祖、丁敬、蒋仁、黄易、奚冈、陈豫钟、陈鸿寿、赵之琛、钱松(后八人,后世称为"西泠八家",亦称"浙派")最为有名;另有"邓派"代表人物邓石如、吴熙载、徐三庚等,均为篆刻高手。

以下,就其生平及篆刻作品略加讲述,以作借鉴之用。

(一)程邃

程邃,清代著名篆刻家、画家,字穆倩,号垢区,别号垢道人、江东布衣,安徽歙县人氏。其篆刻风格,于文、何、汪、朱之外,别树一帜,是后期皖派的代表人物,与巴慰祖、胡唐、汪肇龙合称"歙中四家";善用中刀,凝重淳厚,为"徽派"主要代表人物。

其刻印,精研汉法而能自见笔意,故时人多宗之。为人博雅好结纳,亦精于医。其篆刻取法秦汉玺印白文,运刀如笔,凝重有力;朱文喜用大篆作印文,章法整齐,风格古拙浑朴，边款刻字不多，但凝练深厚，开清代篆刻中皖派先河。

程邃治印，初宗文、何，然时印学界多为文、何所拘，陈陈相因，久无生气。程邃能继朱简之后，力求变法，以古籀、钟鼎文入印，尤其是尽收秦汉朱文印之特点长处，出以离奇错落之手法别立门户，开创皖派新局面。周亮工《印人传》称："黄山程穆倩邃以诗文书画奔走天下，偶然作印，乃力变文、何旧习，世翕然之。"

其印如"程邃之印"，章法严谨、风格古朴；又如"穆倩"一印，颇似古印，有秦汉之韵。综观其传世印作，可知其章法严谨，篆法苍润渊秀；以中刀代笔，运刀取法汪关，而凝重则过之，能够充分表达笔意。

（二）巴慰祖

巴慰祖，字隽堂、晋堂，号予藉，又号子安、莲舫，歙县渔梁人。其家为经商世家，家庭中曾出巴廷梅、巴慰祖、巴树谷、巴树烜、巴光荣四代五位篆刻家；其中，巴慰祖从小就爱好刻印，自谓"慰糠秕小生，粗涉篆籀，读书之暇，铁笔时操，金石之癖，略同嗜痴"。

巴慰祖爱好颇多，且无所不学，故多才多能。他家中所藏法书、名画、金石文字、钟鼎铭文很多，故自小养成摹印练字之习。巴慰祖与程邃、胡唐、汪肇龙同列为"歙四家"，为光大徽派篆刻艺术贡献非小；与汪肇龙、胡唐二人相比，巴慰祖声誉最隆。

他临摹的天赋颇高，喜欢仿制古器物，并能如旧器相似，有精于鉴赏者亦不能辨伪的。其篆刻浸淫秦汉印章，旁及钟鼎款识，功力颇深。早期印作趋于雅妍细润、端整纯正，晚期印风则趋于浑朴、古拙。汪肇龙、巴慰祖、胡唐三人中，以巴慰祖声誉最隆，交游也广。

巴慰祖的外甥胡唐，在舅舅的影响和带动下，也酷爱篆刻。由于巴慰祖嗜好刻印，所以二子及孙子、外甥亦好印，以致不能安心经商，到了晚年而家道中落，后以作书、篆刻为生，晚年虽然并不富有，但并没有影响其追求篆刻之境界，后以篆印独特而声名流布。

其篆刻风格简洁和谐，于平和中得见厚重，疏朗中不失平稳，如"下里巴人""大书典簿"。

（三）丁敬

丁敬，清代杰出篆刻家，字敬身，号钝丁，别号龙泓山人，浙江钱塘（今浙江杭州）人。

丁敬出身于商贾之家，生平矢志向学，工诗文，善书法、绘画，尤究心于金石、碑版文字的探源考异。篆刻宗法秦汉，能得其神韵，能吸取秦汉以及前人刻印之长为己所用。他强调刀法的重要性，主张用刀要突出笔意。擅长以切刀法刻印，苍劲质朴，别树一帜，开创"浙派"，世称"浙派鼻祖"，为"西泠八大家"之首。

他酷爱篆刻，吸取秦汉印篆和前人长处，又常探寻西湖群山、寺庙、塔幢、碑铭等石刻铭文，亲临摹拓，不惜重金购得铜石器铭和印谱珍本，精心研习，因此技法大进。兼工诗书画，诗文造句奇崛，尤擅长诗，与金农齐名。所辑《武林金石录》为广搜博采西湖金石文字汇集而成，凡碑铭、题刻、摩崖、金石铭文等搜罗殆尽,有珍贵的艺术价值和历史价值;他还曾参与了汪启淑所辑《飞鸿堂印谱》的厘订和篆刻。

其印"炳文",印风尚流于妍媚,无古朴之态,"上下钓鱼山人"一印也是这类风格;而"玉几翁"一印,线条朴实,刀法浑厚,初具"浙派"之姿;"两湖三竺万壑千岩"一印有脱尘之韵,可见其修养;"徐观海印"则显非凡气势,印文结构齐整,刀法节中并用,故另有一番风味。

(四)蒋仁

蒋仁,原名泰,字阶平,后来因得"蒋仁"古铜印,极为欣赏,遂改名为蒋仁,号山堂,别号吉罗居士、女床山民,浙江仁和(杭州)人。

蒋仁家境贫寒,一生与妻女过着超然尘俗的简朴生活。书法师颜真卿、孙过庭、杨凝式诸家,擅长行楷书。

蒋仁非常佩服丁敬,师其法,并能以拙朴见长,并有所创新。其作品于苍劲中甚得古意,另具天趣。所刻行书边款,得颜体书法之神,苍浑自然,别有韵致。其一生性情耿直,不轻易为人执刀落笔,故流传的作品不多。他的篆刻曾被彭绍升进士评为"当代第一"。蒋仁的《吉罗居士印谱》中只收录了二十六方印。

他对篆刻有较深之体悟,曾总结云:"文与可画竹,胸有成竹,浓淡疏密,随手写去,自尔成局,其神理自足也。作印亦然,一印到手,意兴俱至,下笔立就,神韵皆妙,可入高人之目,方为能手。不然,直俗工耳。"其常见之印,有"丁敬身印""无地不乐""蒋山堂印"等。

（五）黄易

黄易，号小松，钱塘人，出身于金石世家，父亲黄树谷，工隶书，博通金石，故自幼承习家学，后因家贫故游历在外，后官至山东济宁府同知。

黄易能作诗著文，尤精于作词，而以金石书画名传于世。一生酷爱金石，在济宁府任间，广泛搜罗、保护碑刻，把所收金石碑铭三千多种，汇考辑录成《小蓬莱阁金石文字》一书，其中一半左右为前人所未见。此外，还收藏有历代古印、钱币、刀、鼎、炉、镜等数百种，并一一作了考释。其金石收藏品之多，甲于当时，故各方酷爱古玩金石的人都请黄易示其所收古物，被人称为"文艺金石巨家"，有《小蓬莱阁金石文字》《小蓬莱阁诗集》《秋景庵印谱》等著述行世。

他还善书，工隶，其书风格沉着有致，精于博古，在古隶法中参杂以钟鼎铭文，更现古朴雅厚。其篆刻作品，风格淳厚儒雅，为继承秦汉之优良传统；又精研六书摹印，为丁敬之高足，有"青出于蓝而胜于蓝"之誉，与丁敬并称"丁黄"。后人何元锡曾将二人印稿合辑成《丁黄印谱》。

其篆刻师法丁敬，兼及宋元诸家，并有所创新，其工风稳生动，时人对他评价颇高。他的"一笑百虑忘"印，章法平中有奇，为成熟之白文印，刀法相继丁敬之风；而"乔木世臣"为朱文印，字体结构严谨，形态饱满，刀法胆大而手法精细，线条雄劲，故整方印显得十分大度。

（六）奚冈

奚冈，初名钢，字纯章，号铁生、萝龛，别署鹤渚生、蒙泉外史、蒙道士、奚道士、蝶野子、散木居士，钱塘人。

他还工书法，九岁即能隶书，后楷、行、草、篆、隶，无一不精，亦以绘画名于当时。其篆刻，宗法秦汉，为"浙派"名家。

"蒙泉外史"为白文印，寓拙于巧，为取汉印平正、浑朴之法，用切刀所刻，章法分布以字画多少而定大小，但整体浑若天成。

"龙尾山房"一印为奚冈朱文印的代表作，此印笔画多用弧线，弯曲成形，与常见的直线朱文印不同，故能独树一帜。印文用虚实相生的手法作似断非断之状，且边栏亦是虚实相间，显得内部饱满，外部相应，为其炉火纯青之作品。

（七）陈豫钟

陈豫钟，字浚仪，号秋堂，浙江杭州人，清代书法篆刻家，"西泠八家"之一。他喜好收藏金石文字，又精于墨拓，收集拓本数百种，为其学习、创作之基石。

工篆刻，早年师法文彭、何震，后学丁敬，作品工整秀致，边款尤为秀丽。精于小篆籀文，兼及秦汉印章。阮元任浙江督学时铸的文庙大钟和铭文，便是陈豫钟摹仿古文勾勒的，端整壮丽，极受赞赏。他爱好收集金石文字，积卷数百，见到名画佳砚，不惜重金收购，尤其爱好古铜印。并能书画，他的书法得李阳冰法，遒劲挺拔、苍雅圆劲，为时人所喜爱。曾辑录《古今画人传》《求是斋集》等著作行世。

他刻的"竹影庵"一印为朱文印,印文似汉代篆文,章法布局奇妙,因"竹"字笔画较少,故他将左下角边栏凿断,与右上角对应相呼,使布局平衡。

"振衣千仞"一印为白文印,线条刀迹显然,结字趋方,但各异其趣;风格秀丽文静,工稳而不失流动,为陈氏代表作。

(八)陈鸿寿

陈鸿寿,清代著名书法篆刻家,"西泠八家"之一。字子恭,号曼生,别号种榆道人,浙江钱塘(今杭州)人。

在篆刻上,他继承了丁敬、蒋仁、黄易、奚冈等人的风格。其篆书略带草书意味,喜用切刀,运刀犹如雷霆万钧,给人以苍茫浑厚、爽利奔放之感,使"浙派"面貌为之一新。他的风格对后世影响较深,与陈豫钟齐名,世称"二陈"。

他还善书,隶书奇绝,自成一体;行书亦清雅不俗。蒋宝龄在《墨林今话》中评他为:"曼生酷嗜摩崖碑版,行楷古雅有法度,篆刻得之款识为多,精严古宕,人莫能及。"除此,陈鸿寿擅长竹刻山水、花卉、兰竹;博学能诗;还善制作和识别茶具,公余之际常识别砂质,创作新样,自制铭句镌刻器上,曾风行一时,人称"曼生壶"。著有《桑连理馆词集》《种榆仙馆印谱》等行世。

他所刻的"琴书诗画巢"一印,线条浑厚、苍劲,切刀痕迹显见,为浙派典型的朱文印风格;此印看似信手拈来,实则有法可循。而"南芗书画"一印,篆书笔法平稳,虽是仿汉印之作,但刀法从"浙派"中来,有稳如泰山之感,虽边栏破损任之，但全印却反呈苍劲浑朴之气势，这非得要有娴熟之刀法和深厚之功力不可，于此可见他的成就。

（九）赵之琛

赵之琛，清代著名的篆刻家，字次闲，号献父，钱塘（今浙江杭州）人。一生布衣，多才多艺，工诗文、书画，精通金石文字，尤其工篆刻，为"西泠八家"之一。

他的篆刻，初得陈豫钟传授，兼师黄易、奚冈、陈鸿寿。早年篆刻章法长方，善用冲刀，笔画如锯齿；后用切玉法，笔画纤细方折；边款以行楷书为之，笔画生辣细劲；晚年刀法和章法已无太大变化，多承师法。

他生性嗜古，长于金石文字，阮元所著《积古斋钟鼎彝器款识》中的古器文字，多半出自他的手摹。他的印文结构不但秀美，且善于应变；用刀爽朗挺拔；楷书印款秀劲涩辣；其印作，曾得过陈鸿寿的推崇与赞许。印谱有《补罗迦室印谱》，著有《补罗迦室集》行世。

他所刻印以切玉法驱刀最为有名，如"长乐无极老复丁""三碑乡里旧人家"二印即是仿汉切玉法，章法自然、清秀瘦劲，可见其所长。

（十）钱松

钱松，清代书法家、篆刻家，初名松如，字叔盖，号耐青，浙江杭州人。擅作山水、花卉，工书。他的隶书、行书功力深厚，为时所重。篆刻则得力于汉印，据称他曾手摹汉印二千方，赵之琛见后惊叹道："此丁、黄后一人，前明文、何诸家不及也。"

他的一生见闻广博，故于章法显出与众不同，并时出新意；刀法在总结前人经验之上，自创出一种切中带削的新刀法，立体感强，富于韵味。之后，严荄将他与胡震的作品合编为《钱胡印谱》；亦有人将他个人作品汇辑成册，取名《铁庐印谱》。

他的刀法继承"浙派"风格，章法则取汉印结构，如"陈老莲""胡鼻山人宋绍圣后十二丁丑生"二印，一白一朱皆是，可见其学浙派之造诣功深。他用刀多是碎刀细切浅刻，温朴中而显浑厚，颇得汉印之意蕴，时人评誉甚高。赵之谦曾说："汉铜印妙处，不在斑驳，而在浑厚；学浑厚则全恃腕力，石性脆，刀所到处应手辄落，愈拙愈古，看似平平无奇，而殊不易貌。此事与予同志者，杭州钱叔盖一人而已。"

（十一）邓石如

邓石如，清代著名书法家、篆刻家，名琰，字石如，又名顽伯，号完白山人，又号完白、古浣子、笈游道人、凤水渔长、龙山樵长等，安徽怀宁人。

因家庭贫困，邓石如曾以砍柴卖饼维持生计，暇时随父亲学习书法和篆刻，甚工。后游寿州，入梅镠府中为客。梅氏家中有很多金石文字，因得以观赏历代吉金石刻，每日晨起即研墨，至夜墨尽乃就寝，历时八年，艺乃大成，四体书功力极深，曹文埴称之为"我（清）朝第一"。

他的篆刻得力于书法，篆法以"二李"（李斯、李阳冰）为宗，而纵横捭阖之妙则得力于史籀，间以隶意，故其印线条浑厚天成，体势奔放飘逸。朱文印取宋元章汉，白文印则以汉印为主，印风茂密多姿，章法疏密相应，刀路平实缓和。邓石如还开创了"以汉碑入汉印"的先例，弟子吴让之誉为"独有千古"。赵之谦对邓石如也是极为推崇，称邓石如"字画疏处可走马，密处不可通风，即印林无等等咒"。

"江流有声，断岸千尺"一印是其代表作品，章法奇妙，文印俱佳，结构和谐，为邓氏难得一见之精品。"笔歌墨舞""意与古会"二印，笔意流畅，线条婉约，亦颇具正气。

其篆刻，刀法苍劲浑朴，婀娜多姿，冲破时人只取法秦汉铜印之局限，世称"邓派"，亦又称"皖派"者。风格所及，影响了包世臣、吴让之、赵之谦、吴咨、胡澍、徐三庚等人，是杰出之篆刻家。他的原石流传极少，存世有《完白山人篆刻偶成》《完白山人印谱》《邓石如印存》等。

（十二）吴熙载

吴熙载，清代著名书画家、篆刻家，原名廷飏，字让之，亦作攘之，别号还有让翁、晚学生、晚学居士、言甫、言庵、方竹丈人等，江苏仪征人。

他自小博学多能，善作四体书，恪守师法，尤精篆、隶，功力深厚，温婉圆润，收放有度。擅长金石考证，精通文字学。师事邓石如的学生包世臣，算是邓石如的再传弟子。

他的篆刻师法邓石如，以汉篆治印。对邓石如的篆刻，吴让之更在继承之上有所创造，故章法上更趋稳健、精练，刀法更加圆转、流畅，从而将邓石如"以笔意见胜"的风格推向高峰。

他的刀法运转自然，坚挺得势，较能表达笔意，晚年作品更入化境，对当代中、日印坛影响较大。著有《通鉴地理今释》《师慎轩印谱》《晋铜鼓斋印存》《吴熙载篆刻》等。晚清印人如徐三庚、赵之谦、吴昌硕等也都比较重视他的作品。

"足吾所好玩而老焉"一印，得邓石如章法之精髓，布局疏密天成，文字方圆互参，笔画舒展，虚实相生。

"砚山鉴藏石墨"一印也是吴熙载朱文印的代表作品，此印貌似无奇，排得均匀整齐，印文能显舒展开张之势，这得力于他的秀挺书法。

"攘之手摹汉魏六朝"一印，印文排列自然，书体浑朴，繁简平衡，笔画转折自然得力于刻刀之轻灵，为以刀当笔之作品。

"吴熙载字攘之"印分三行，细线界隔，刀法畅达，线条圆劲且乂浑穆，是创造性学习汉印的典范制作。

（十三）徐三庚

徐三庚，清代著名书法、篆刻家，字辛谷，号袖海，浙江上虞人。

此人兼通书法、篆刻、竹刻，并精古玩，多才多艺。他的篆刻，早年曾追摹元明印风，后攻汉印，并学邓石如、吴让之等人，对陈鸿寿、赵之琛等人风格深有研究；四十岁后参以汉篆、汉印结体及《天发神谶碑》意趣神采，颇见功力，风格飘逸、疏密有致，后自成一家，其印风有"吴带当风"之誉。

他的"徐三庚印""上于父"及"图鉴斋"等印，笔画圆润，字体浑朴，颇有汉印遗风。他运刀熟练，不加修饰，其行楷边款，刀法劲猛，自然得势，不失名家风范。

(十四)清代印谱

明代之时,印谱汇集已然成风,印学理论亦是发达,尤其是顾从德所汇集之《印薮》(谱原拓本名为《集古印谱》),对明清印学流派之兴起,贡献颇大。

明代晚期,有张灏辑录当时印人篆刻之印计二千余方,谱成名为《学山堂印谱》,录作者五十余人;到清康熙年间,有周亮工辑藏印一千五百余方,汇集成谱,名为《赖古堂印谱》,计百二十余人,此二谱对后世影响亦大。

另有丁敬的《武林金石录》、汪启淑的《飞鸿堂印谱》、蒋仁的《吉罗居士印谱》、黄易的《秋景庵印谱》、何元锡的《丁黄印谱》、陈豫钟的《求是斋印集》、陈鸿寿的《种榆仙馆印谱》以及邓石如的《完白山人印谱》等印谱,对后世影响亦非小,尤其是各大流派之印人必看之印谱。

清代之篆刻风行,除汇集印谱外,为印人立传亦是清朝所创之举,著名者有清代周亮工的《赖古堂别集·印人传》(三卷,亦名《印人传》)、清代汪启淑的《飞鸿堂印人传》(八卷,亦名《续印人传》)、黄易的《小蓬莱阁金石文字》、冯承辉的《历朝印识》和《国朝印识》等,为印人了解篆刻提供诸多方便,以功不少。

《李庐印谱》序

系自兽蹄鸟迹，权舆六书。抚印一体，实祖缪篆。信缩戈戟，屈蟠龙蛇。范铜铸金，大体斯得。初无所谓奏刀法也。赵宋而后，兹事遂盛。晁王颜姜，谱派灼著。新理泉达，眇法茈呈。韵古体超，一空凡障。道乃烈矣。清代金石诸家，搜辑探讨，突驾前贤，旁及篆刻，遂可法尚。丁黄唱始，奚蒋继声，异军特起，其章草焉。盖规秦抚汉，取益临池，气采为尚，形质次之。而古法畜积，显见之于挥洒，与诒之于刻划，殊路同归，义固然也。不佞僻处海隅，昧道懵学，结习所在，古欢遂多。爰取所藏名刻，略加排辑，复以手作，置诸后编，颜曰《李庐印谱》。太仓一粒，无裨学业，而苦心所注，不欲自薶。海内博雅，不弃窾陋，有以启之，所深幸也。

《音乐小杂志》序

闲庭春浅，疏梅半开，朝曦上衣，软风人媚。流莺三五，隔树乱啼；乳燕一双，依人学语。上下婉转，有若互答，其音清脆，悦魄荡心。若夫萧辰告悴，百草不芳，寒蛩泣霜，杜鹃啼血；疏砧落叶，夜雨鸣鸡。闻者为之不欢，离人于焉陨涕。又若登高山，临巨流，海鸟长啼，天风振袖，奔涛怒吼，更相逐搏，砰磅訇磕，谷震山鸣。懦夫丧魄而不前，壮士奋袂以兴起。呜呼！声音之道，感人深矣。惟彼声音，佥出天然；若夫人为，厥有音乐。天人异趣，效用靡殊。

系夫音乐，肇自古初，史家所闻，实祖印度，埃及传之，稍事制作；逮及希腊，乃有定名，道以著矣。自是而降，代有作者，流派灼彰，新理泉达，瑰伟卓绝，突轶前贤，迄于今兹，发达益烈。云潏水涌，一泻千里，欧美风靡，亚东景从。盖琢磨道德，促社会之健全；陶冶性情，感情神之粹美。效用之力，宁有极欤。

乙巳十月，同人议创《美术杂志》，音乐隶焉。乃规模粗具，风潮突起。同人星散，瓦解势成。不佞留滞东京，索居寡侣，重食前说，负疚何如？爰以个人绵力，先刊《音乐小杂志》，饷我学界，期年二册，春秋刊行。蠡测莛撞，矢口惭讷。大雅宏达，不弃窳陋，有以启之，所深幸也。

呜呼！沉沉乐界，眷予情其信芳。寂寂家山，独抑郁而谁语？矧夫湘灵瑟渺，凄凉帝子之魂；故国天寒，呜咽山阳之笛。春灯燕子，可怜几树斜阳；玉树后庭，愁对一钩新月。望凉风于天末，吹参差其谁思！瞑想前尘，辄为怅惘。旅楼一角，长夜如年。援笔未终，灯昏欲泣。时丙午正月三日。

西湖夜游记

壬子七月,予重来杭州,客师范学舍。残暑未歇,庭树肇秋,高楼当风,竟夕寂坐。越六日,偕姜、夏二先生游西湖。于时晚晖落红,暮山被紫,游众星散,流萤出林,湖岸风来,轻裾致爽。乃入湖上某亭,命治茗具。又有菱芰,陈粲盈几。短童侍坐,狂客披襟,申眉高谈,乐说旧事。庄谐杂作,继以长啸,林鸟惊飞,残灯不华。起视明湖,莹然一碧,远峰苍苍,若现若隐,颇涉遐想,因忆旧游。曩岁来杭,故旧交集,文子耀斋,田子毅侯,时相过从,辄饮湖上。岁月如流,倏逾九稔,生者流离,逝者不作,坠欢莫拾,酒痕在衣。刘孝标云:"魂魄一去,将同秋草。"吾生渺茫,可俙然感矣。漏下三箭,秉烛言归。星辰在天,万籁俱寂,野火暗暗,疑似青磷,垂杨沉沉,有如酣睡。归来篝灯,斗室无寐,秋声如雨,我劳何如?目瞑意倦,濡笔记之。

乐石社记

粤若稽古先圣，继天有作，创造六书，以给世用。后贤踵事，附庸艺林，金石刻划，实祖缪篆。上起秦汉，下逮珠申，彬彬郁郁，垂二千年，可谓盛已。世衰道微，士不悦学，一技之末，假手隅夷。兽蹄鸟迹，触以累累，破觚为圆，用夷变夏，典型沦丧，殆无讥焉。不佞无似，少耽痂癖，结习所存，古欢未坠。曩以人事，羁迹武林，滥竽师校。同学邱子，年少英发，既耽染翰，尤嗜印文，校秦量汉，笃志爱古，遂约同人，集为兹社，树之风声，颜以乐石。切磋商兑，初限校友，继乃张皇，他山取益。志道既合，声气遂孚，自冬徂春，规模浸备。复假彼故宫，为我社址。而西泠印社诸子，觥觥先进，勿弃葑菲，左提右挈，乐观厥成，滋可感也。不佞昧道懵学，文质靡底，前鱼老马，尸位经年。伏念雕虫篆刻，壮夫不为，而雅废夷侵，贤者所耻。值猖狂颓靡之秋，结枯槁寂寞之侣，足音空谷，幽草寒琼。纵未敢自附于国粹之林，倘亦贤乎博奕云尔。爰陈梗概，备观览焉。乙卯六月，李息翁记。

第叁辑 传道弘法

倡导正信佛教,注重严谨治学,珍惜现在所有,改正不良习惯。弘一法师嘉言历耳,传授改过、自省、虚心、宽厚、不嗔的人生态度,以及博闻、精进的治学之道。

佛法十疑略释

戊寅年十月六日，安海金墩宗祠讲

欲挽救今日之世道人心，人皆知推崇佛法，但对于佛法而起之疑问，亦复不少，故学习佛法者，必先解释此种疑问，然后乃能着手学习。以下所举十疑及解释，大半采取近人之说而叙述之，非是讲者之创论。所疑固不限此，今且举此十端耳。

一、佛法非迷信

近来知识分子，多批评佛法谓之迷信。

我辈详观各地寺庙，确有特别之习惯及通俗之仪式，又将神仙鬼怪等混入佛法之内，谓是佛法正宗。既有如此奇异之现象，也难怪他人谓佛法是迷信。

但佛法本来面目则不如此，绝无崇拜神仙鬼怪等事。其仪式庄严，规矩整齐，实超出他种宗教之上。又佛法能破除世间一切迷信而予以正信，岂有佛法即是迷信之理。

故知他人谓佛法为迷信者，实由误会。倘能详察，自不至有此批评。

二、佛法非宗教

或有人疑佛法为一种宗教，此说不然。

佛法与宗教不同，近人著作中常言之，兹不详述。应知佛法实不在宗教范围之内也。

三、佛法非哲学

或有人疑佛法为一种哲学，此说不然。

哲学之要求，在求真理，以其理智所推测而得之某种条件即谓为真理。其结果，有一元、二元、唯心、唯物种种之说。甲以为理在此，乙以为理在彼，纷纭扰攘，相非相谤。但彼等无论如何尽力推测，总不出于错觉一途。譬如盲人摸象，其生平未曾见象之形状，因其所摸得象之一部分，即谓是为象之全体，故或摸其尾便谓象如绳，或摸其背便谓象如床，或摸其胸便谓象如地。虽因所摸处不同而感觉互异，总而言之，皆是迷惑颠倒之见而已。

若佛法则不然，譬如明眼人能亲见全象，十分清楚，与前所谓盲人摸象者迥然不同，因佛法须亲证"真如"，了无所疑，决不同哲学家之虚妄测度也。

何谓"真如"之意义？真真实实，平等一如，无妄情，无偏执，离于意想分别，即是哲学家所欲了知之宇宙万有之真相及本体也。夫哲学家欲发明宇宙万有之真相及本体，其志诚为可嘉，但太无方法，致妄废心力而终不能达到耳。

以上所说之佛法非宗教及哲学，仅略举其大概。若欲详知者，有南京支那内学院出版之《佛法非宗教非哲学》一卷，可自详研，即能洞明其奥义也。

四、佛法非违背于科学

常人以为佛法重玄想，科学重实验，遂谓佛法违背于科学，此说不然。

近代科学家持实验主义者，有两种意义：一是根据眼前之经验，彼如何即还彼如何，毫不加以玄想。二是防经验不足恃，即用人力改进，以补通常经验之不足。

佛家之态度亦尔，彼之"戒""定""慧"三无漏学，皆是改进通常之经验。但科学之改进经验重在客观之物件，佛法之改进经验重在主观之心识。如人患目病，不良于视，科学只知多方移置其物以求一辨，佛法则努力医治其眼以求复明，两者虽同为实验，但在治标、治本上有不同耳。

关于佛法与科学之比较，若欲详知者，乞阅上海开明书店代售之《佛法与科学之比较研究》。著者王小徐，曾留学英国，在理工专科上迭有发见，为世界学者所推重。近以其研究理工之方法，创立新理论解释佛学，因著此书也。

五、佛法非厌世

常人见学佛法者，多居住山林之中，与世人罕有往来，遂疑佛法为消极的、厌世的，此说不然。

学佛法者，固不应迷恋尘世以贪求荣华富贵，但亦绝非是冷淡之厌世者，因学佛法之人皆须发"大菩提心"，以一般人之苦乐为苦乐，抱热心救世之弘愿，不唯非消极，乃是积极中之积极者，虽居住山林中，亦非贪享山林之清福，乃是勤修"戒""定""慧"三学以预备将来出山救世之资具耳。与世俗青年学子在学校读书为将来任事之准备者，甚相似。

由是可知谓佛法为消极厌世者，实属误会。

六、佛法非不宜于国家之兴盛

近来爱国之青年，信仰佛法者少。彼等谓佛法传自印度，而印度因此衰亡，遂疑佛法与爱国之行动相妨碍，此说不然。

佛法实能辅助国家，令其兴盛，未尝与爱国之行动相妨碍。印度古代有最信仰佛法之国王，如阿育王、戒日王等，以信佛故，而统一兴盛其国家。其后婆罗门等旧教复兴，佛法渐无势力，而印度国家乃随之衰亡，其明证也。

七、佛法非能灭种

常人见僧尼不婚不嫁，遂疑人人皆信佛法必致灭种，此说不然。

信佛法而出家者，乃为僧尼，此实极少之数。以外大多数之在家信佛法者，仍可婚嫁如常。佛法中之僧尼，与他教之牧师相似，非是信徒皆应为牧师也。

八、佛法非废弃慈善事业

常人见僧尼唯知弘扬佛法,而于建立大规模之学校、医院、善堂等利益社会之事未能努力,遂疑学佛法者废弃慈善事业,此说不然。

依佛经所载,布施有二种:一曰财施,二曰法施。出家之佛徒,以法施为主,故应多致力于弘扬佛法,而以余力提倡他种慈善事业。若在家之佛徒,则财施与法施并重,故在家居士多努力做种种慈善事业,近年以来各地所发起建立之佛教学校、慈儿院、医院、善堂、修桥、造凉亭乃至施米、施衣、施钱、施棺等事,皆时有所闻,但不如他教仗外国慈善家之财力所经营者规模阔大耳。

九、佛法非是分利

近今经济学者,谓人人能生利,则人类生活发达,乃可共享幸福。因专注重于生利,遂疑信仰佛法者,唯是分利而不生利,殊有害于人类,此说亦不免误会。

若在家人信仰佛法者,不碍于职业,士农工商皆可为之,此理易明,可毋庸议。若出家之僧尼,常人观之,似为极端分利而不生利之寄生虫,但僧尼亦何尝无事业,僧尼之事业即是弘法利生。倘能教化世人,增上道德,其间接直接有真实大利益于人群者正无量矣。

十、佛法非说空以灭人世

常人因佛经中说"五蕴皆空""无常苦空"等,因疑佛法只一味说空,若信佛法者多,将来人世必因之而消灭,此说不然。

大乘佛法,皆说空及不空两方面。虽有专说空时,其实亦含有不空之义,故须兼说空与不空两方面,其义乃为完足。

何谓空及不空?空者是无我,不空者是救世之事业。虽知无我,而能努力做救世之事业,故空而不空。虽努力做救世之事业,而决不执着有我,故不空而空。如是真实了解,乃能以无我之伟大精神,而做种种之事业无有障碍也。

又若能解此义,即知常人执着我相而做种种救世事业者,其能力薄、范围小、时间促、不彻底;若欲能力强、范围大、时间久、最彻底者,必须于佛法之空义十分了解,如是所做救世事业乃能圆满成就也。

故知所谓空者,即是于常人所执着之我见打破消灭,一扫而空,然后以无我之精神,努力切实做种种之事业。亦犹世间行事,先将不良之习惯等一一推翻,然后良好之建设乃得实现。

信能如此,若云牺牲,必定真能牺牲;若云救世,必定真能救世。由是坚坚实实,勇猛精进而做去,乃可谓伟大,乃可谓彻底。

所以真正之佛法先须向空上立脚,而再向不空上做去。岂是一味说空而消灭人世耶!

以上所说之十疑及释义,多是采取近人之说而叙述其大意。诸君闻此,应可免除种种之误会。若佛法中之真义,至为繁广，今未能详说。唯冀诸君从此以后，发心研究佛法，请购佛书，随时阅览，久之自可洞明其义。是为余所厚望焉。

谈惜福、习劳、持戒和自尊

丙子年正月，南普陀寺佛教养正院讲

养正院从开办到现在，已是一年多了。外面的名誉很好，这因为由瑞今法师主办，又得各位法师热心爱护，所以能有这样的成绩。

我这次到厦门，得来这里参观，心里非常欢喜。各方面的布置都很完美，就是地上也扫得干干净净的，这样在别的地方，很不容易看到。

我在泉州草庵大病的时候，承诸位写一封信来，各人都签了名，慰问我的病状；并且又承诸位念佛七天，代我忏悔，还有像这样别的事，都使我感激万分！

再过几个月，我就要到鼓浪屿日光岩去方便闭关了。时期大约颇长久，怕不能时时会到，所以特地发心来和诸位叙谈叙谈。

今天所要和诸位谈的，共有四项：一是惜福，二是习劳，三是持戒，四是自尊，都是青年佛徒应该注意的。

一、惜福

"惜"是爱惜,"福"是福气,就是我们纵有福气,也要加以爱惜,切不可把它浪费。诸位要晓得,末法时代,人的福气是很微薄的,若不爱惜,将这很薄的福享尽了,就要受莫大的痛苦,古人所说"乐极生悲",就是这意思啊!我记得从前小孩子的时候,我父亲请人写了一副大对联,是清朝刘文定公的句子,高高地挂在大厅的抱柱上,上联是"惜食,惜衣,非为惜财缘惜福"。我的哥哥时常教我念这句子,我念熟了,以后凡是临到穿衣或是饮食的当儿,我都十分注意,就是一粒米饭,也不敢随意糟掉;而且我母亲也常常教我,身上所穿的衣服,当时时小心,不可损坏或污染。这因为母亲和哥哥怕我不爱惜衣食,损失福报以致短命而死,所以常常这样叮嘱。

诸位可晓得,我五岁的时候父亲就不在世了,七岁时我练习写字,拿整张的纸瞎写,一点不知爱惜,我母亲看到就正颜厉色地说:"孩子!你要知道呀,你父亲在世时,莫说这样大的整张的纸不肯糟蹋,就连寸把长的纸条,也不肯随便丢掉哩!"母亲这话,也是惜福的意思啊!

我因为有这样的家庭教育,深深地印在脑里,后来年纪大了,也没一时不爱惜衣食;就是出家以后,一直到现在,也还保守着这样的习惯。诸位请看我脚上穿的一双黄鞋子,还是民国九年(1920)在杭州时候,一位打念佛七的出家人送给我的。又诸位有空,可以到我房间里来看看,我的棉被面子,还是出家以前所用的;又有一把洋伞,也是民国初年(1912)买的。这些东西,即使有破烂的地方,请人用针线缝缝,仍旧同新的一样了。简直可尽我形寿受用着哩!不过,我所穿的小衫裤和罗汉草鞋一类的东西,却须五六年一换,除此以外,一切衣物,大都是在家时候或是初出家时候制的。

从前常有人送我好的衣服或别的珍贵之物,但我大半都转送别人,因为我知道我的福薄,好的东西是没有胆量受用的。又如吃东西,只生病时候吃一些好的,除此以外,从不敢随便乱买好的东西吃。

惜福并不是我一个人的主张,就是净土宗大德印光老法师也是这样,有人送他白木耳等补品,他自己总不愿意吃,转送到观宗寺去供养谛闲法师。别人问他:"法师!你为什么不吃好的补品?"他说:"我福气很薄,不堪消受。"

他老人家——印光法师,性情刚直,平常对人只问理之当不当,情面是不顾的。前几年有一位皈依弟子,是鼓浪屿有名的居士,去看望他,和他一道吃饭,这位居士先吃好,老法师见他碗里剩落了一两粒米饭,于是就很不客气地大声呵斥道:"你有多大福气,可以这样随便糟蹋饭粒,你得把它吃光!"诸位!以上所说的话,句句都要牢记,要晓得,我们即使有十分福气,也只好享受三分,所余的可以留到以后去享受;诸位或者能发大心,愿以我的福气,布施一切众生,共同享受,那更好了。

二、习劳

"习"是练习,"劳"是劳动。现在讲讲习劳的事情。

诸位请看看自己的身体,上有两手,下有两脚,这原为劳

弘一法师书《华严经·普贤行愿品》偈颂（局部）

大方廣佛華嚴經入不思議解脫境界
普賢行願品偈

　　唐罽賓國三藏般若譯

所有十方世界中　三世一切人師子
我以清淨身語意　一切徧禮盡無餘
普賢行願威神力　普現一切如來前
一身復現剎塵身　一一徧禮剎塵佛
於一塵中塵數佛　各處菩薩眾會中
無盡法界塵亦然　深信諸佛皆充滿
各以一切音聲海　普出無盡妙言辭

弘一法师书《华严经·普贤行愿品》偈颂（局部）

悲欣交集——弘一法师自述

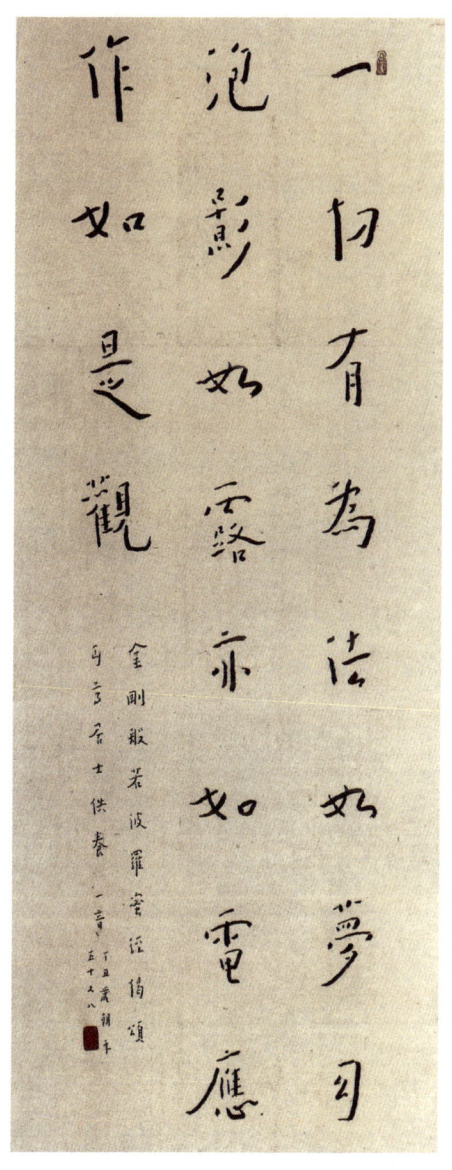

弘一法师书《金刚般若波罗蜜经》偈颂

弘一法师书《华严经·贤首品》偈颂

动而生的。若不将他运用习劳,不但有负两手两脚,就是对于身体也一定有害无益的。换句话说,若常常劳动,身体必定康健。而且我们要晓得,劳动原是人类本分上的事,不唯我们寻常出家人要练习劳动,即使到了佛的地位,也要常常劳动才行。现在我且讲讲佛的劳动的故事:

所谓佛,就是释迦牟尼佛。在平常人想起来,佛在世时,总以为同现在的方丈和尚一样,有衣钵师、侍者师常常侍候着,佛自己不必做什么。但是不然。有一天,佛看到地下不很清洁,自己就拿起扫帚来扫地,许多大弟子见了,也过来帮扫,不一时,把地扫得十分清洁。佛看了欢喜,随即到讲堂里去说法,说道:"若人扫地,能得五种功德……"

又有一个时候,佛和阿难出外游行,在路上碰到一个喝醉了酒的弟子,已醉得不省人事了。佛就命阿难抬脚,自己抬头,一直抬到井边,用桶吸水,叫阿难把他洗濯干净。

有一天,佛看到门前木头做的横楣坏了,自己动手去修补。

有一次,一个弟子生了病,没有人照应,佛就问他说:"你生了病,为什么没人照应你?"那弟子说:"从前人家有病,我不曾发心去照应他;现在我有病,所以人家也不来照应我了。"佛听了这话,就说:"人家不来照应你,就由我来照应你吧!"就将那病弟子大小便种种污秽,洗濯得干干净净;并且还将他的床铺理得清清楚楚,然后扶他上床。由此可见,佛是怎样的习劳了。佛决不像现在的人,凡事都要人家服劳,自己坐着享福。这些事实,出于经律,并不是凭空说说的。

现在我再说两桩事情,给大家听听:

《弥陀经》中载着的一位大弟子——阿㝹楼陀,他双目失明,不能料理自己,佛就替他裁衣服,还叫别的弟子一道帮着做。

有一次,佛看到一位老年比丘眼睛花了,要穿针缝衣,无奈眼睛看不清楚,嘴里叫着:"谁能替我穿针呀!"佛听了立刻答应说:"我来替你穿。"

以上所举的例,都足证明佛是常常劳动的。我盼望诸位,也当以佛为模范,凡事自己动手去做,不可依赖别人。

三、持戒

"持戒"二字的意义,我想诸位总是明白的吧!我们不说修到菩萨或佛的地位,就是想来生再做人,最低的限度,也要能持五戒。可惜现在受戒的人虽多,只是挂个名而已,切切实实能持戒的却很少。要知道,受戒之后,若不持戒,所犯的罪,比不受戒的人要加倍的大,所以我时常劝人不要随便受戒。至于现在一般传戒的情形,看了真痛心,我实在说也不忍说了!我想最好还是随自己的力量去受戒,万不可敷衍门面,自寻苦恼。

戒中最重要的,不用说是杀、盗、淫、妄,此外还有饮酒、食肉,也易惹人讥嫌。至于吃烟,在律中虽无明文,但在我国习惯上,也很容易受人讥嫌的,总以不吃为是。

四、自尊

"尊"是尊重,"自尊"就是自己尊重自己,可是人都喜欢人家尊重我,而不知我自己尊重自己;不知道要想人家尊重自己,必须从我自己尊重自己做起。怎样尊重自己呢?就是自己时时想着:我当做一个伟大的人,做一个了不起的人。比如我们想做一位清净的高僧吧,就拿《高僧传》来读,看他们怎样行,我也怎样行,所谓:"彼既丈夫我亦尔。"又比方我想将来做一位大菩萨,那就当依经中所载的菩萨行,随力行去。这就是自尊。但自尊与贡高不同,贡高是妄自尊大,目空一切的胡乱行为;自尊是自己增进自己的德业,其中并没有一丝一毫看不起人的意思的。

诸位万万不可以为自己是一个小孩子,是一个小和尚,一切不妨随便些;也不可说我是一个平常的出家人,哪里敢希望做高僧,做大菩萨!凡事全在自己做去,能有高尚的志向,没有做不到的。

诸位如果作这样想:我是不敢希望做高僧,做大菩萨的,那做事就随随便便,甚至自暴自弃,走到堕落的路上去了,那不是很危险的么?诸位应当知道:年纪虽然小,志气却不可不高啊!

我还有一句话,要向大家说:我们现在依佛出家,所处的地位是非常尊贵的,就以剃发、披袈裟的形式而论,也是人天师表,国王和诸天人来礼拜,我们都可端坐而受。你们知道这道理么?自今以后,就当尊重自己,万万不可随便了。

以上四项,是出家人最当注意的,别的我也不多说了。

我不久就要闭关,不能和诸位时常在一块儿谈话,这是很抱歉的。但我还想在关内讲讲律,每星期约讲三四次,诸位碰到例假,不妨来听听!今天得和诸位见面,我非常高兴。我只希望诸位把我所讲的四项,牢记在心,作为永久的纪念!

　　时间讲得很久了,费诸位的神,抱歉!抱歉!

改过之次第

癸酉正月，厦门妙释寺讲

今值旧历新年，请观厦门全市之中，充满新气象，门户贴新春联，人多着新衣，口言"恭贺新禧""新年大吉"等。我等素信佛法之人，当此万象更新时，亦应一新乃可。我等所谓新者何？亦如常人贴新春联、着新衣等以为新乎？曰："不然。"我等所谓新者，乃是改过自新也。但"改过自新"四字范围太广，若欲演讲，不知从何说起，今且就余五十年来修省改过所实验者，略举数端为诸君言之。

余于讲说之前，有须预陈者，即是以下所引诸书，虽多出于儒书，而实合于佛法。因谈玄说妙、修证次第，自以佛书最为详尽；而我等初学之人，持躬敦品、处事接物等法，虽佛书中亦有说者，但儒书所说，尤为明白详尽适于初学。故今多引之，以为吾等学佛法者之一助焉。以下分为总论别示二门。

一、总论

总论者，即是说明改过之次第：

（一）学须先多读佛书、儒书，详知善恶之区别及改过迁善之法。倘因佛儒诸书浩如烟海，无力遍读，而亦难于了解者，可以先读《格言联璧》一部。余自儿时，即读此书；归信佛法以后，亦常常翻阅，甚觉其亲切而有味也。此书佛学书局有排印本，甚精。

（二）省既已学矣，即须常常自己省察，所有一言一动，为善欤？为恶欤？若为恶者，即当痛改。除时时注意改过之外，又于每日临睡时，再将一日所行之事，详细思之。能每日写录日记，尤善。

（三）改省察以后，若知是过，即力改之。诸君应知改过之事，乃是十分光明磊落，足以表示伟大之人格。故子贡云："君子之过也，如日月之食焉，过也人皆见之，更也人皆仰之。"又古人云："过而能知，可以谓明。知而能改，可以即圣。"诸君可不勉乎！

二、别示

别示者，即是分别说明余五十年来改过迁善之事。但其事甚多，不可胜举。今且举十条为常人所不甚注意者，先与诸君言之。《华严经》中皆用十之数目，乃是用十以表示无尽之意。今余说改过之事，仅举十条，亦尔，正以示余之过失甚多，实无尽也。此次讲说时间甚短，每条之中仅略明大意，未能详言，若欲知者，且俟他日面谈耳。且有下述内容，殊略说之：

（一）虚心。常人不解善恶，不畏因果，决不承认自己有过,更何论改?但古圣贤则不然。今举数例,孔子曰:"五十以学易,可以无大过矣。"又曰:"闻义不能徙,不善不能改,是吾忧也。"蘧伯玉为当时之贤人,彼使人于孔子。孔子与之坐而问焉,曰:"夫子何为?"对曰:"夫子欲寡其过而未能也。"圣贤尚如此虚心,我等可以贡高自满乎?!

(二)慎独。吾等凡有所作所为,起念动心,佛菩萨乃至诸鬼神等,无不尽知尽见。若时时作如是想,自不敢胡作非为。曾子曰:"十目所视,十手所指,其严乎!"又引诗云:"战战兢兢,如临深渊,如履薄冰。"此数语为余所常常忆念不忘者也。

(三)宽厚。造物所忌,曰刻曰巧。圣贤处事,唯宽唯厚。古训甚多,今不详录。

(四)吃亏。古人云:"我不识何等为君子,但看每事肯吃亏的便是。我不识何等为小人,但看每事好便宜的便是。"古时有贤人某临终,子孙请遗训,贤人曰:"无他言,尔等只要学吃亏。"

(五)寡言。此事最为紧要。孔子云:"驷不及舌。"可畏哉!古训甚多,今不详录。

(六)不说人过。古人云:"时时检点自己且不暇,岂有工夫检点他人。"孔子亦云:"躬自厚而薄责于人。"以上数语,余常不敢忘。

(七)不文己过。子夏曰:"小人之过也必文。"我众须知,文过乃是最可耻之事。

(八)不覆己过。我等倘有得罪他人之处,即须发大惭愧,生大恐惧。发露陈谢,忏悔前愆。万不可顾惜体面,隐忍不言,自诳自欺。

（九）闻谤不辩。古人云："何以息谤？曰：无辩。"又云："吃得小亏，则不至于吃大亏。"余三十年来屡次经验，深信此数语真实不虚。

（十）不嗔。嗔习最不易除。古贤云："二十年治一怒字，尚未消磨得尽。"但我等亦不可不尽力对治也。《华严经》云："一念嗔心，能开百万障门。"可不畏哉！

因限于时间，以上所言者殊略，但亦可知改过之大意。最后，余尚有数言，愿为诸君陈者：改过之事，言之似易，行之甚难，故有屡改而屡犯，自己未能强作主宰者，实由无始宿业所致也。务请诸君更须常常持诵阿弥陀佛名号，观世音、地藏诸大菩萨名号！至诚至敬，恳切忏悔无始宿业，冥冥中自有不可思议之感应。承佛菩萨慈力加被，业消智朗，则改过自新之事，庶几可以圆满成就，现生优人圣贤之域，命终往生极乐之邦，此可为诸君预贺者也。

常人于新年时，彼此晤面，皆云恭喜，所以贺其将得名利。余此次于新年时，与诸君晤面，亦云恭喜，所以贺诸君将能真实改过，不久将为贤为圣；不久决定往生极乐，速成佛道，分身十方，普能利益一切众生耳！

改正习惯

癸酉年,泉州承天寺讲

吾人因多生以来之夙习,及以今生自幼所受环境之熏染,而自然现于身口者,名曰习惯。

习惯有善有不善,今且言其不善者。常人对于不善之习惯,而略称之曰习惯,今依俗语而标题也。

在家人之教育,以矫正习惯为主,出家人亦尔。但近世出家人,唯尚谈玄说妙,于自己微细之习惯,固置之不问,即自己一言一动,极粗显易知之习惯,亦罕有加以注意者。可痛叹也!

余于三十岁时,即觉知自己恶习惯太重,颇思尽力对治。出家以来,恒战战兢兢,不敢任情适意。但自愧恶习太重,二十年来,所矫正者百无一二。

自今以后,愿努力痛改。更愿有缘诸道侣,亦皆奋袂兴起,同致力于此也。吾人之习惯甚多,今欲改正,宜依如何之方法耶?若罗列多条,而一时改正,则心劳而效少,以余经验言之,宜先举一条乃至三四条,逐日努力检点,既已改正,后再逐渐增加可耳。

一、改正习惯之七条

今春以来，有道侣数人，与余同研律学，颇注意于改正习惯。数月以来，稍有成效，今愿述其往事，以告诸公。但诸公欲自改其习惯，不必尽依此数条，尽可随宜酌定。余今所述者，特为诸公作参考耳。学律诸道侣，已改正习惯，有七条：

（一）食不言。现时中等以上各寺院，皆有此制，故改正甚易。

（二）不非时食。初讲律时，即由大众自己发心，同持此戒。后来学者亦尔。遂成定例。

（三）衣服朴素整齐。或有旧制，色质未能合宜者，暂作内衣，外罩如法之服。

（四）别修礼诵等课程。每日除听讲、研究、抄写及随寺众课诵外，皆别自立礼诵等课程，尽力行之。或有每晨于佛前跪读《法华经》者，或有读《华严经》者，或有读《金刚经》者，或每日念佛一万以上者。

（五）不闲谈。出家人每喜聚众闲谈，虚丧光阴，废弛道业，可悲可痛。今诸道侣，已能渐除此习，每于食后，或傍晚休息之时，皆于树下檐边，或经行，或端坐；若默诵佛号，若朗读经文，若默然摄念。

（六）不阅报。各地日报社会新闻栏中，关于杀、盗、淫、妄等事，记载最详。而淫欲诸事，尤描摹尽致。虽无淫欲之人，常阅报纸，亦必受其熏染，此为现代世俗教育家所痛慨者。故学律诸道侣，近已自己发心不阅报纸。

（七）常劳动。出家人性多懒惰，不喜劳动。今学律诸道侣，皆已发心，每日扫除大殿及僧房檐下，并奋力做其他种种劳动之事。

二、实行改正之二条

以上已改正之习惯，共有七条。

尚有近来特实行改正之二条，亦附列于下：

（一）食完所剩饭粒。印光法师最不喜此事，若见剩饭粒者，即当面痛呵斥之，所谓施主一粒米，恩重大如山也。但若烂粥、烂面留滞碗上，不易除去者，则非此限。

（二）坐时注意威仪。垂足坐时，双腿平列，不宜左右互相翘架，更不宜耸立或直伸。余于在家时，已改此习惯；且现代出家人普通之威仪，亦不许如此；想此习惯不难改正也。

总之，学律诸道侣，改正习惯时，皆由自己发心，绝无人出命令而禁止之也。

关于整顿僧众的意见

丁卯年三月,杭州

致旧师子民、旧友子渊、彝初、少卿、钟华诸居士

旧师子民、旧友子渊、彝初、少卿、钟华诸居士同鉴:

昨有友人来,谓仁等已至杭州建设一切,至为欢慰。又闻子师等在青年会演说,对于出家僧众,有未能满意之处。鄙意以为现代出家僧众,诚属良莠不齐,但仁等于出家人中之情形,恐有隔膜。将来整顿之时,或未能一一允当。鄙意拟请仁等另请僧众二人为委员,专任整顿僧众之事。凡一切规划,皆与仁等商酌而行,似较妥善。此委员二人,据鄙意,愿推荐太虚法师及弘伞法师任之。此二人,皆英年有为,胆识过人。前年曾往日本考察一切,富于新思想,久有改革僧制之弘愿,故任彼二人为委员,最为适当也。至将来如何办法,统乞仁等与彼协商。对于服务社会之一派,应如何尽力提倡(此是新派);对于山林办道之一派,应如何尽力保护(此是旧派,但此派必不可废);对于既不能服务社会,又不能办道山林之一流僧众,应如何处置;对于应赴一派(即专做经忏者),应如何严加取缔;对于子孙之寺院(即出家剃发之处),应如何处置;对于受戒之时,应如何严加限制。如是等

种种问题，皆乞仁者仔细斟酌，妥为办理。俾佛门兴盛，佛法昌明，则幸甚矣。此事先由浙江一省办起，然后遍及全国。弘伞法师现住里西湖新新旅馆隔壁招贤寺内；太虚法师现住上海（其住址问弘伞法师便知）。谨陈拙见，诸乞垂察，不具。

弘一
三月十七日

　　昨闻友人述及仁者五人现任委员。此外尚有数人，或系旧友，亦未可知。并乞代为致候。

倡办小学之意

甲戌年七月十四日，厦门南普陀寺

致瑞今法师 ①

　　弘一提倡办小学之意，绝非为养成法师之人才，例如天资聪颖、辩才无碍、文理精通、书法工秀等。如是等绝非弘一所希望于小学学僧者（或谓小学办法。第一须求文理通顺，并注重读诵等，此仍是养成法师之意，与弘一之意不同）。

　　弘一提倡之本意，在令学者深信佛菩萨之灵感，深信善恶报应因果之理，深知如何出家及出家以后应做何事，以造成品行端方、知见纯正之学僧。至于文理等在其次也。儒家云"士先器识而后文艺"，亦此意也。

　　谨书拙见，以备采择。

弘一
七月十四日晨

---

① 瑞今法师：福建晋江人。弘一法师在厦门提倡于闽南佛学院外另办佛教养正院，培养幼年学僧，请瑞今法师为主任。

英年绩学宜专力于
学问及撰述之业

辛未年，慈溪金仙寺
致芝峰法师[①]

芝峰法师座下：

  顷奉惠书并大著，欢喜无量。大著深契鄙意，佩仰万分。将来流布之后，必可令多数学子同植菩提之因。仁者法施功德，宁有既耶？

  前日闻仁者与醒法师有往苏州之意，鄙见以为未妥。倘仁者不欲居厦门，则乞移锡金仙。又静公近拟接受杭州招贤寺，倘能成就，则仁者住居招贤，甚为适宜。

  末学与仁者神交以来，垂十年矣。窃念当今之世，如仁者英年绩学者，殊为稀有，若再深入教诲，旁及世俗之学识，如是致力十数年，所造必在虚云大师之上。当仁不让，愿仁者努力为之。日本学者著作虽条理可观，然于佛学所造甚为浅薄，仁者将来学业成就，所有著作，必能令日人五体投地，

[①] 芝峰法师（1901—1971）：浙江温州人。早年出家，受教于谛闲法师、太虚法师。历任闽南佛学院教授、《海潮音》月刊编辑等职。

万分佩仰。且可译为西方文字,传播欧美,可为世界第一大导师,则将来受仁者法施之惠者,岂仅中华已耶!

末学敬劝仁者,今后无论居住何处,总宜专力于学问及撰述之业。至若做方丈和尚等之职务,愿仁者立誓,终身决不为之。因现代出家人中,能任方丈和尚等职务者,甚多甚多,而优于学问,能继续虚大师,弘宣大法,以著述传播日本乃至欧美者,以末学所知所最信仰者,当以仁者为第一人矣。末学于仁者钦佩既深,故敢掬诚奉劝。杂陈芜辞,幸垂省览。

音启

如何修补校点《华严疏钞》

一

甲子年十二月初三日，温州庆福寺，致蔡丏因[①]

丏因居士丈室：

顷诵书，并承惠施毫笔四管，谢谢。《华严经疏科文》十卷，未有刻本。日本《续藏经》第八套第一册、二册，有此科文，他日希仁者致戒珠寺检阅。疏、钞、科三者如鼎足，不可缺一。杨居士刻经疏，每不刻科文，厌其繁琐，盖未尝详细研审也（钞中虽略举科目，然或存或略，意谓读疏者，必对阅科文，故不一一具出也）。今屏去科文而读疏、钞，必致茫无头绪。北京徐居士刻经，悉依杨居士之成规，亦不刻科。所刻《南山律宗三大部》，为近百册之巨著，亦悉删其科文，朽人尝致书苦劝，彼竟固执旧见，未肯变易，可痛慨也。

昙昉白
十二月初三日

---

① 蔡丏因（1890—1955）：浙江嘉兴人。曾任上海世界书局总编辑。

二

丙寅年五月十九日，杭州招贤寺，致蔡丏因

丏因居士丈室：

书悉。近与伞法师发愿重厘会、修补、校点《华严疏钞》（今之《会本》，为明嘉靖时妙明法师所会。彼时清凉排定之科文久佚，妙师臆为分配，故有未当处。妙师《会本》，后有人删节，甚至上下文义不相衔接。《龙藏》仍其误。今流通本又仍《龙藏》之误。以上据徐蔚如考订之说）。伞法师愿任外护并排版流布之事（伞法师谓排版为定，可留纸版，传之永久）。朽人一身任厘会、修补、校点诸务，期以二十年卒业。先《科文》十卷，次《悬谈》，次《疏钞》正文。朽人老矣，当来恐须乞仁者赓续其业，乃可完成也。此事须于秋暮自庐山返后，再与伞师详酌。若决定编印，尚须约仁者来杭面谈一切。前存尊斋《疏钞》等，乞暂勿送返。是间有《续藏》可阅。伞师又将觅木版流通本以为编写之稿本（改正科会及增补原文之处，皆剪贴，即以此本排印，不须另写）。近常与湛翁晤谈，彼诗兴甚佳。他日来杭，可往访也。

论月疏

五月十九日

三

辛未年四月廿八日,上虞法界寺,致弘伞法师[①]

伞师慈鉴:

惠书敬悉。去冬本有撰述歌谱之愿,乃今春以来,老病缠绵,身心衰弱,手颤眼花,臂痛不易举,日恒思眠,有如八九十老翁,故此事只可从缓。承惠日书三册,其中《赞歌》二册敬受,且俟他年恢复康健时,当试为之。《薄伽梵歌》无有需用,谨寄返。又新刻《华严经传记》一册,校勘表四分,并奉上,乞收入。重编《华严疏钞》已由徐蔚如着手,计《科文》十卷,先刊《经疏》百二十卷,《疏钞别行钞》九十卷,《经科》数卷(专由疏中摘出判经之科),《别行疏》二卷(即《行愿》末卷去钞存疏)。新编之书,以清凉一人之撰述为限。刊资久已集就,此事决定可以实行。仁者闻之,当甚赞喜。音近来备受痛苦,而道念亦因之增进,佛称八苦为八师,诚确论也。不久拟闭关用功,谢绝一切缘务。以后如有缁素诸友询问音之近状者,乞以"虽存若殁"四字答之,不再通信及晤面矣。音近数年来颇致力于《华严疏钞》,此书法法具足,如一部《佛学大辞典》。若能精研此书,于各宗奥义皆能通达(凡小乘论、律、三论、法相、天台、禅、净土等,无不具足)。仁

[①] 弘伞法师(1886—1975):安徽安庆人。出家后为弘一法师师弟。历任杭州招贤、虎跑诸寺住持。

者暇时,幸悉心而玩索焉。谨复,顺颂法安。

音和南

四月廿八日

四
戊寅年除夕前二日,泉州承天寺,致黄幼希①

幼希居士道席:

不晤倏已十载。近闻仁者校订《华严疏钞》,至用欢赞。朽人亦久有此志,但衰老日甚,无能为力耳。前所校点《玄谈》,亦仅自备披览,中多讹缺,且未及与《大正藏》本对校,简陋殊无足观,故不寄奉。兹述鄙意数则,以备参考。

(一)《玄谈》古会本(徐居士疑出自唐代),其文与《明藏》(即《弘教藏》之本)中疏钞别行本之文,不同者甚多。

(二)考《会玄记》之牒疏钞文处,可以见《会玄记》所依之本与《明藏》本不同者甚多,亦可考证《明藏》本之讹字。

(三)金陵新刊本《玄谈》之圈点句读,唯依文意之大致。若参考《会玄记》,其句读应改正者不少。

(四)《悬谈》第四卷以下钞文中,略去疏科者甚多,此非后人所删。

---

① 黄幼希(1884—1958):福建永泰人。曾任上海商务印书馆编辑。著有英文字典多种。晚年主持上海普慧大藏经会多年。

（五）《会玄记》常州新版，讹误甚多。《弘教藏》本较善。此记瑕瑜不一，亦有文义幼稚处，亦多精义。想其精义，或是摘录前人之作耳。

《行愿品别行疏钞》，似未经杨居士校，即付刻，故其讹误甚多。今略附于后，以备参考。有应作小注，而刊作大字者；又应另行起而与上文连续者（第五册甚多）。讹字及句读误处颇多。按此书原系别行，《疏》一卷，《圭峰义记》六卷，及《科文》一册。自缙云移注经及削成略抄，而古疏科记传者鲜矣（以上据宋行霆重刊古本之跋文，载于日本宁乐刊经史中。传说此《疏》一卷并《义记》六卷，有日本明德二年，此土洪武二十四年之翻刻宋古刊本，今存日本东大寺中）。精神颓唐，未能详陈，仅略书此，以供参考。

明春即拟往永春等处，住址未定。仁者收到此函后，暂勿复。蒋竹庄居士，乞代致候。十年前，曾在清凉寺同听《华严经》，想尚忆记否？谨陈不宣。

再者，《华严疏钞》中之钞文，亦有前后不符，又与别行科文不同处（所谓科文，即《玄谈》古会本之前所列者，非是今新刊之全科）。如金陵刊本《悬谈》卷二十一第十四页第十行"第二'双会谓'会通'四法'大小不同"云云（上面有""者为依《明藏》补入之字）。案此，"第二"二字，与别行科文合。但依前钞文应作第三。此钞文金陵本删去，应在金陵本卷二十一第二页第九行下续之。乞检《明藏》可知。

演音启
除夕前二日

常用净土宗诵读经籍简介

戊辰年，上海

致姚石子①

石子居士礼席：

省书，承仁归信佛法，至可赞喜！辄依鄙见，择定应用经书若干种，录之如下：

《印光法师文钞》。法师今居普陀，昔为名儒，出家已二十余年，为当世第一高僧。品格高洁严厉，为余所最服膺者。《文钞》之首，有余题辞。又新版排印《安士全书》（为上海佛学推行社所印送。仁者如无此书，请致函索取）第二本末页，附录余撰定阅《印光文钞》次序表。依此次序阅览（但表中所记一圈者及无圈者，可暂缓阅），自无扞格不通之虞。请先阅《文钞》第一册《论》第十六页《佛教以孝为本论》。又第二册书第三十四页后以下《与卫锦洲居士书》及《复泰顺林介生居士书》，因此三页，与仁者近处之境，关系最切。

《灵峰宗论》为明灵峰蕅益大师文集。近古高僧中知见最

---

① 姚石子（1891—1945）：江苏金山（今属上海）人。曾继柳亚子之后为南社主持人。

正者。先阅此种，自不致为他派之邪说所淆惑。集中文字，深浅互见。凡净宗、禅宗及天台、贤首、慈恩、密宗等，皆具说之，非专谈一法也。可先阅法语及书信二类。但初学亦不能尽解，当于阅时自择其所解者先阅，其难解者不妨暂缓。集中文字，篇幅不长，各为起止，不妨跳跃阅览。初阅佛书者，必不能一一尽解，但渐渐修习，其不解者亦可通晓，万不可急求速效。又集中卷四之二第四页《孝闻说》，卷六之一第十一页《广孝序》，卷七之四第三页《建盂兰盆会疏》，可先检阅之。

《释门真孝录》专辑佛祖经书中论孝亲事者。

《竹窗三笔》《山房杂录》《云栖遗稿》皆笔记之类，可以随时择阅数则。

《选佛谱》《选佛图》如世间升官图之式。常常习掷，自能通达佛法门径。谱为说明者。此作利益甚大，且饶兴味。妇孺尤宜劝其常常掷之，以种善根。

《佛教初学课本》《释教三字经》皆记佛法之大纲，甚为简要。《释迦如来应化事迹》为释迦之历史，附有图，甚精。

《安士全书》扬州旧有木版二套。近由上海佛学推行社劝募印送，已得四万余部。是书宜雅宜俗，人谓救世宝典，良不虚也。

《佛学撮要》《佛学初阶》《佛学起信编》《佛学指南》《六道轮回录》《学佛实验谈》皆丁福保编，极浅近，且有兴味。凡有不信佛法者，可劝其先阅此类。

《南无阿弥陀佛解》等三种为学佛者最切近之书，内有余之字迹数幅。

《佛学问答》略示佛法之大要。

《新版净土四经》可备读诵。

《弥陀经疏钞撷》为解释《阿弥陀经》最浅近之书。

《观经图颂》为观无量寿佛图。

《龙舒净土文》《净土晨钟》《径中径又径征义》此三种皆劝人修净业之作，最详明切要。

《归元镜》依净宗三祖之传译，撰成戏曲之本，最有兴味。

《往生集》净宗往生者之传记。

以上八种为净宗入门之书。净宗者为佛教诸宗之一，即念佛求生西方之法门也。此宗现在最盛，以其广大普遍，并利三根。印光法师现在专弘此宗，余亦归信是宗，甚盼仁者亦以此自利利他也。他如禅宗及天台、贤首、慈恩诸宗，皆不甚逗现今之时机。禅宗尤为不宜。以禅宗专被上上利根，当世殊无此种根器。其所谓学禅宗者，大多误入歧途，可痛慨也。

《极乐庄严图》《西方接引图》皆阿弥陀佛等像。另外还有《释迦佛坐像》《地藏菩萨像》，此四种皆佛菩萨像，宜悬挂供养。可在阿弥陀佛像二种中，择挂一种。

《地藏菩萨本愿经》可备读诵。

以上所记之经目，为初学佛法，人事纷繁，未能专力修习者，所应用之书，一以其册数无多，一以其篇章多不前后承续，可以暇时随意阅一二页，不必从头至尾用意研味也。若再进一步修习，下记数种，可以请阅：

《诸经要集》分类辑录诸经中之要义。但多属事相，不难了解。

《念佛警策》择录净宗诸家之语录，甚精要。

《彻悟语录》与《梵室偶谈》合刊。《偶谈》即《灵峰宗论》中之一种，大半劝修净业之语，事理圆明。

《净土十要》印光法师盛赞此书，但多未宜于初学。若初学者，可先阅是中《十疑论》《净土或问》《念佛直指》三种。此外则随分随力斟酌阅之。

《无量寿经义疏》《观经四帖疏》《阿弥陀经义疏》《行愿品疏节录》皆前列净土四经之注疏。可先阅《四帖疏·上品上生章》之疏文，续阅《阿弥陀经义疏》，然后再阅其他。

《佛说无常经》为印度僧众常讽诵者。卷首余有序文。

《在家律要》既修净业，宜兼持戒律，可先阅此书，较易了解。

《阅藏知津》为藏经目录提要。

《佛学大辞典》搜辑甚富，可备随时检查。

《因是子静坐法》续篇，常州蒋维乔著。前年著正篇，多依道教；今著续篇，纯依佛教，补救前愆。若有愿习静坐者，可阅此书。但专念佛者，不习静坐无妨。又有蒙同善社之诱惑误入歧路者，宜速劝其阅此书以纠正之。

佛法广大，如天普覆，无有世出世间一法能出其外者，故儒、道、回、耶诸法，亦可云属佛法毫发之少分，但不如佛法之究竟耳。是以比年以来，吾国佛法昌盛，有一日千里之势。士夫学者，究心于斯者尤众。随其根器之上下，各随分获其利益，譬犹一雨之润，万卉并育。噫，伟矣哉！仁者为亲诵经，谨为拟定日课如下：

诵《阿弥陀佛经》一遍，往生咒三遍，念南无阿弥陀佛最少一百八句，后诵回向文三遍。回向文代拟如下："愿以此功德，回向亡母高太恭人（若为亡父或他人者随改）。唯愿亡母业障速灭，早生西方极乐世界，见佛授记，普度众生，尽未来际。并愿法界有情，同圆种智。"此课约在四十分钟以内。若念佛多者，则时间亦增多，可随力为之。又《地藏菩萨本愿经》，亦宜讽诵。若人事纷繁，每日可仅诵一品，约三十分钟以内。若稍暇，每日可诵一卷，合数日诵完一部。每日诵毕，亦诵回向文三遍，文同上。若更愿诵他种经者，如《净土四经》中之他三种，皆可诵，继诵回向文亦然。

如不能常茹素，每晨粥时可茹素一餐，名曰"吃早素"。仁者可以是广劝他人。此事甚不为难，常人皆可行之，亦可种善因也。又不宜买活物在家中杀戮。若需食者，可买市上已杀之物，如是虽食荤腥，亦可减轻许多罪过。若发心茹素者，可先每月二天，即十五日及三十日（或月小则二十九日）。若再增加，每月四天，则增加初八及二十三之两天。若再增加，每月六天，即增加十四及二十九（或月小则二十八日）之两天。于每月斋日茹素，功德最大，具如佛经广明。

附寄旧书《佛三身赞》等三种一册，敬以奉赠。如愿付印，卷尾空白之处，可自加题跋。又书佛号一幅，愿以此功德，回向令亡母。又旧书菩萨名号一幅，署款奉呈。又寄《莲池戒杀放生文》一册、《印造经像文》五册（余定其纲要，属尤惜阴撰述），戒杀放生招贴三纸，统希收入。又石印拙书数种，请转赠吹万居士。余于二三年来，发愿未写之经典，尚有十数种。秋凉之后,将继续书写。仁者如需用,俟写就当以奉赠。率复不具。

僧胤疏答

地藏法门读诵经籍简介

致李圆净[1]

《地藏菩萨本迹灵感录》已达五版，至用欢慰。《地藏十轮经·序品》一卷，载赞叹感应之文甚多，乞仁者暇时披阅此经。金陵版《大集地藏十轮经》最善。《序品》以后，亦乞详阅之，当获益甚大。又《占察善恶业报经》，金陵版经并疏，亦地藏菩萨所说，唯此经说修唯识真如观法，不能通俗耳。连《本愿经》，共三种，也称为《地藏三经》。又《金刚三昧经》最后一品，金陵版，亦地藏菩萨所说。择其通俗易解者，演为浅显之文及表记，则弥善矣。他经多称为地藏菩萨，唯有《大乘本生心地观经》，称为地藏王菩萨。以上诸经之外，他经中载地藏菩萨之名者，如《华严经·入法界品》四种译本（晋译六十卷内，唐译八十卷内；西秦别译，此品名《佛说罗摩伽经》；唐贞元别译，此品名《普贤行愿品》，皆载地藏菩萨之名。但西秦译曰"持地藏菩萨"，晋译曰"大地藏菩萨"），贞

---

[1] 李圆净（1894—1950）：广东三水人。著有《佛法导论》。与丰子恺合编《护生画集》。

元别译《华严十地经》,及《佛说八大菩萨经》等,皆有地藏菩萨之名。此外,又有《百千颂大集经·地藏菩萨请问法身赞》一卷。又秘密部亦有载地藏菩萨者,兹不具录。朽人受菩萨慈恩甚深,故据所知,拉杂写出,以奉慧览。

蕅益大师《灵峰宗论》中,屡有关于地藏菩萨之著作,亦乞仁者披阅之。《续藏经》中有《地藏菩萨发心因缘十王经》,此是伪经,不宜流布。

问:地藏菩萨经中,亦有往生净土之言否?答:有,今略举之。秘密部《地藏菩萨仪轨》云:"地藏菩萨说咒已,复说成就法。若念灭罪生善,生身后生极乐,以草护摩①三万遍。"《地藏十轮经》云:"当生净佛国,导师之所居,乘于无上乘,速得最胜智。"又云:"当生净佛土,远离诸过恶,住彼证菩提,令离诸瞋忿。"又云:"如是菩萨福德智慧速疾圆满,不久安住清净佛国。证得无上正等菩提。"又云:"速住净佛国,证得大菩提。"《占察善恶业报经》云:"地藏菩萨言,若人欲生他方现在净国者,应当随彼世界佛之名字,专意诵念,一心不乱。如是观察者,决定生彼佛净国。善根增长,速获不退。"故蕅益大师依《占察经》立忏法,谓欲随意往生净佛国土者,应受持修行此忏悔法。忏法中发愿文云:"舍生他世,生在佛前。面奉弥陀,历侍诸佛。亲蒙授记,回入尘劳。普会群迷,同归秘藏。"

又,忏法有四部:

(一)《占察忏仪》(本名《占察行法》,附义疏后,亦有

---

① 护摩:梵语,义为焚烧,即火祭,是密宗常行的修法之一。

单行本,武昌印一册)。

(二)《梵本地藏忏愿仪》(扬州版一册)。此二种为蕅益大师作,最善。

(三)《地藏忏仪》(杭州版一册),简单可用。

(四)《梵本地藏忏》(扬州版三册),太繁杂。

《护生画集》编订建议

戊辰年八月廿一日,温州庆福寺
致李圆净、丰子恺[①]

圆净、子恺二居士同览:

惠书及另寄之画稿、宣纸等,皆收到。

披阅画集,至为欢喜赞叹。但稍有美中不足之处。率以拙意,条述如下,乞仁等逐条详细阅之,致祷!

△案此画集为通俗之艺术品,应以优美柔和之情调,令阅者生起凄凉悲悯之感想,乃可不失艺术之价值。若纸上充满残酷之气,而标题更用"开棺""悬梁""示众"等粗暴之文字,则令阅者起厌恶不快之感,似有未可。更就感动人心而论,则优美之作品,似较残酷之作品感人较深。因残酷之作品,仅能令人受一时猛烈之刺激;若优美之作品,则能耐人寻味,如食橄榄然(此且就曾受新教育者言之。若常人,或专喜残酷之作品,但非是编所被之机。故今不论)。

△依以上所述之意见,朽人将此画集重为编订,共存

---

① 丰子恺(1898—1975):浙江崇德人。弘一法师弟子。中国现代漫画家、散文家、翻译家、美术和音乐教育家。

二十二张（尚须添画两张，共计二十四张。添画之事，下条详说）。残酷之作品，虽亦选入三四幅，然为数不多，杂入中间，亦无大碍。就全体观之，似较旧编者稍近优美。至排列之次序，李居士旧订者固善，今朽人所排列者，稍有不同。然亦煞费苦心，尽三日之力，排列乃定，于种种方面，皆欲照顾周到。但因画稿不多，难于选定。故排列之次序，犹不无遗憾耳。

△此画稿尚须添画二张。

其一，题曰《忏悔》。画一半身之人（或正面，或偏面，乞详酌之），合掌恭敬，做忏悔状。其衣服宜简略二三笔画之，不必表明其为僧为俗。

其一，题曰《平和之歌》。较以前之画幅，加倍大（即以两页合并为一幅，如下记之图形。其虚线者，即是画幅之范围）。其上方及两旁，画舞台帷幕之形。其中间，画许多之人物，皆做携手跳舞，唱歌欢笑之形状。凡此画集中，所有之男女人类及禽兽虫鱼等，皆须照其本来之相貌，一一以略笔画出（其禽兽之已死者，亦令其复活。花已折残者，仍令其生长地上，复其美丽之姿。但所有人物之相貌衣饰，皆须与以前所画者毕肖。俾令阅者可以一一回想指出，增加欢喜之兴趣）。朽人所以欲增加此二幅者，因此书名曰《护生画集》，而集中所收者，大多数为杀生、伤生之画，皆属反面之作品，颇有未安。今依朽人排定之次序，其第一页《夫妇》，为正面之作品；以下十九张（唯《农夫与乳母》一幅，不在此类）皆是反面之作品，悉为杀生、伤生之画。由微而致显，复由显而致微。以后之三张，即是《平等》及新增加之《忏悔》《平和

弘一法师书《念佛三昧诗》

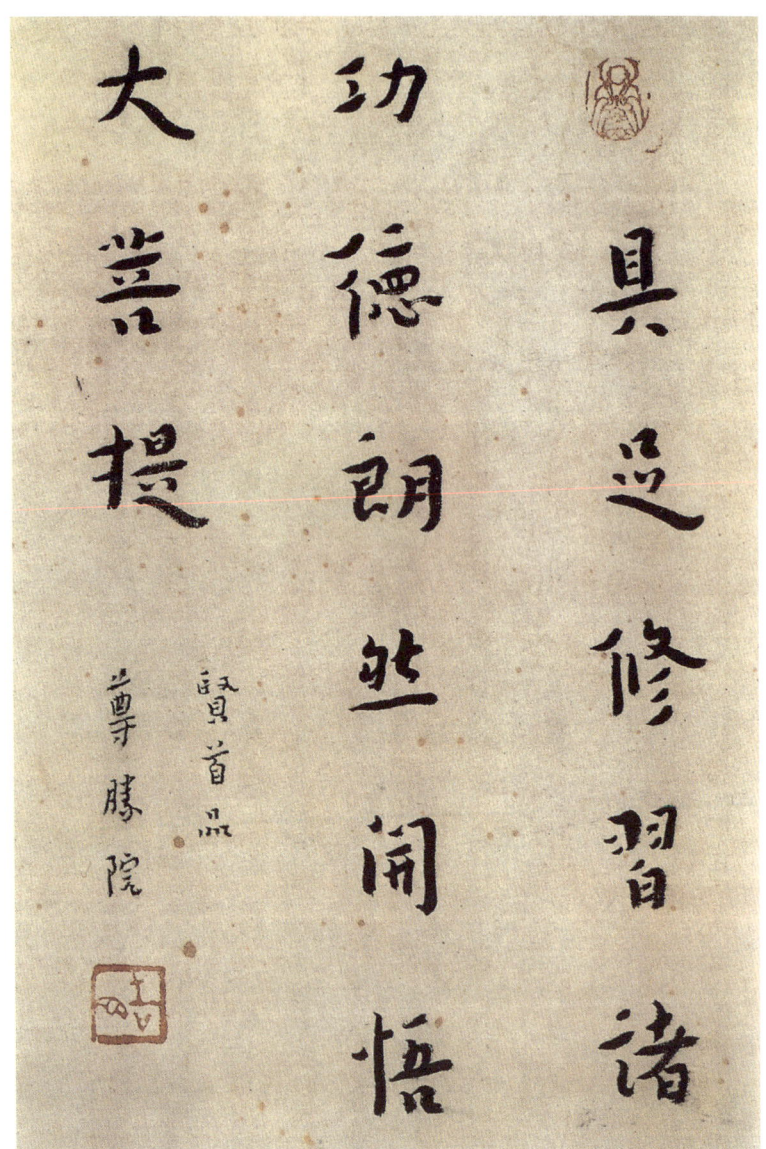

弘一法师书《华严经·贤首品》偈颂

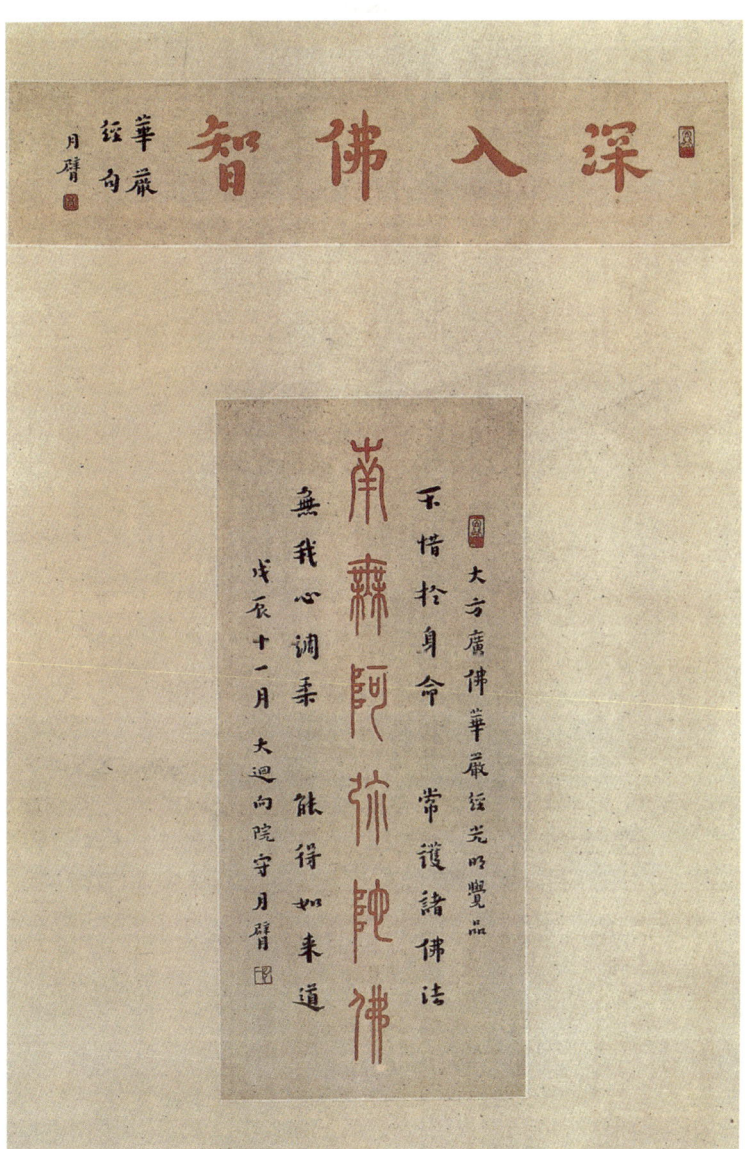

弘一法师书佛号

弘一　　　　　　　古臣

弘一　　　　　　　李庐

无畏　　　　　　　大明沙门

佛像印　　　　　　辟

之歌》，乃是由反面而归于正面之作品。以《平和之歌》一张作为结束，可谓圆满护生之愿矣。

△集中所配之对照文字，固多吻合。但亦有勉强者，则减损绘画之兴味不少。今择其最适宜者用之。此外由朽人为作白话诗，补足之。但此种白话诗，多非出家人之口气，故托名某某道人所撰。并乞仁等于他人之处，亦勿发表此事（勿谓此诗为余所作）。昔蕅益大师著《辟邪集》，曾别署缁俗之名，杂入集中，今援此例而为之。

△《夫妇》所配之诗，虽甚合宜，但朽人之意，以为开卷第一幅，须用优美柔和之诗，致残杀等文义，应悉避去，故此诗拟由朽人另作。

△画题有须改写者，记之如下。乞子恺为之改写。

《溺》改为《沉溺》（第二张）。

《囚徒之歌》改为《凄音》，原名甚佳，因与末幅《平和之歌》重复，故改之（第三张）。

《诱杀》改为《诱惑》（第四张）。

《肉》改为《修罗》（第十一张）。

《悬梁》能改题他名，为善。乞酌为之（第十三张）。

又《刑场》之名，能改题，更善。否则仍旧亦可（第十二张）。

△朽人新作之白话诗，已成者数首，贴于画旁，乞阅之（凡未署名者皆是）。

△对照之诗，所占之地位，应较画所占之地位较小，乃能美观（至大，仅能与画相等），万不能较画为大。若画小字大，则有喧宾夺主之失，甚不好看。故将来书写诗句之时，皆须

依一一之画幅，一一配合适宜。至以后摄影之时，即令书与画同一时，同一距离摄之，俾令朽人所配合大小之格式，无有变动。

△最后之一张画，即《平和之歌》，是以两页合拼为一幅。将来此幅对照之诗，其字数较多，亦是以两页合拼为一幅。诗后并附短跋数语，故此幅之字数较多也。

△画集，附挂号寄上。乞增补改正后，再挂号寄下，并画好之封面，同时寄下。

△将来印刷之时，其书与画之配置高低，及封面纸之颜色与结纽线之颜色，能与封面画之颜色相调和否？皆须乞子恺处处注意。又绘画后，有排版之长篇戒杀文字，亦须排列适宜。其圈点之大小，与黑色之轻重，皆须一一审定。因吾国排字工人之知识，甚为幼稚，又甚粗心，决不解美观二字也。此事至要，慎勿轻忽。

△此画集如是编定，大致妥善。将来再版之时，似无须增加变动。

△所有删去之十数张，将来择其佳者可以编入二集。兹将删去之画，略评如下：

《诱杀（二）》，此画本可用，但对此种杀法，至为奇妙，他人罕有知者。今若刊布，恐不善之人，以好奇心，学此法杀生。欲删去。

《尸林》《示众》《上法场》《开棺》，皆佳。但因此类残酷之作，一卷之内不宜多收，故删去。将来编二集时，或可编入。但画题有宜更改者。

《修罗》，此画甚佳。但因与《肉》重复，故删去。今于

《肉》改题为《修罗》，则此幅《修罗》应改为他名。俟编二集时，可以编入。

《炮烙》亦可用。今因集中，有一花瓶、一玻璃瓶，与此洋灯罩之形相似，若编入者，稍嫌重复，故删去。

《采花感想》，此画章法未稳。他日改画后，可以选入二集。

《生的扶持》，亦可用，因与《夫妇》略似，故删去。

《义务警察》，今人食犬肉者罕闻。此画似可不用。

《杨枝净水》，此画可用。将来编二集时，可以此画置在最后之一幅。

△将来编二集时，拟多用优美柔和之作，及合于画生正面之意者。至残酷之作，依此次之删遗者，酌选三四幅已足，无须再多画也。

△此次画集所选入者，以《母之羽》《倘使羊识字》《我的腿》《农夫与乳母》《残废的美》为最有意味。《肉》，甚有精彩。

△此上所述之拙见，皆乞仁等详细阅之。画稿增改后，望早日寄下，为盼！

△子恺所画之格子，现在虽未能用。但由朽人保存，以备将来书写他种文字用之，俾不辜负量画一番之心血。至此次书写诗句时，应用之格子，拟由朽人自画。因须斟酌变通，他人不能解也。

△宿疾已愈。唯精神身体，皆未复元。草草书此，诸希鉴察，为祷！

演音上

八月廿一日

《佛学丛刊》编辑建议

丙子年四月廿三日，厦门南普陀寺

致蔡丐因

丐因居士道席：

惠书诵悉。《佛学丛刊》将来共出几辑，似未可预定。若无有销路，主事者厌倦，即出二辑为止；否则可以续出。每辑之形式不同，未可分类标写部名（如经、论等。此事前曾再四踌躇，以不标为妥，恐以后发生困难）。如第一辑所选者，以短、易解、切要、有兴味、有销路为标准，但如此类之佛书实不可多得，故第二辑以下须另编辑，且拟每辑变换面目，以引起读者之兴味也。第二辑拟专收音所辑编者三十种（或旧编者如《寒笳集》等，此外新编，由一人负责）。第三辑拟专收佛教艺术（旧辑《华严集联》可编入。余可以编辑数种，此外由同人分任。共三十种）。所预定者大致如是。第一辑所收者，经、论、杂集之部类略备。第二辑多为警策身心克除习气之作。第三辑为佛教艺术。以后若续出者，每次变换面目，每两年出一辑。或全辑总售，或又零册分售。前定名曰《佛学丛书》，似范围太广大，今拟酌定曰《佛籍（典）小丛刊（刻）》，未知可否？乞裁酌之。定名之后，乞以示知，再书写签条及序言奉上也。近自扶桑国请到佛像书数十册（及古版佛书近千册，多为稀有之珍本），略为研求，乃知是为专门之学，未可率尔选择评论。第一辑、第二辑拟不用佛像，将来倘第三辑《佛教艺术》出版，可以多列诸像，附以说明也。

裴相《发菩提心文序》第十五行非"速行"也，应作"迷行"也。末页第七行"普愿大众"以下应提行另起。又第十三行"启发"以下之文宜与上行连续，不可提行。年谱在世之时不可发表。幼年诸事，拟与高文显君言之（厦门大学心理系学生，与广洽师致契）。

去岁仲冬大病，内外症并发，为生平所未经历（卧床近两月，俗谓九死一生）。内症至季冬已愈，外症延至本月乃痊。此次大病，自己甚得利益，稍暇拟记写之。

以后惠书，乞写厦门南普陀寺养正院广洽法师转交弘一。不久拟移居鼓浪屿，但信件仍由广洽法师转送来。其寻常信件，由彼代复，或退还也。谨复，不宣。《法华》卷已收到，感谢。

演音疏

四月廿三日

第肆辑 上求菩提

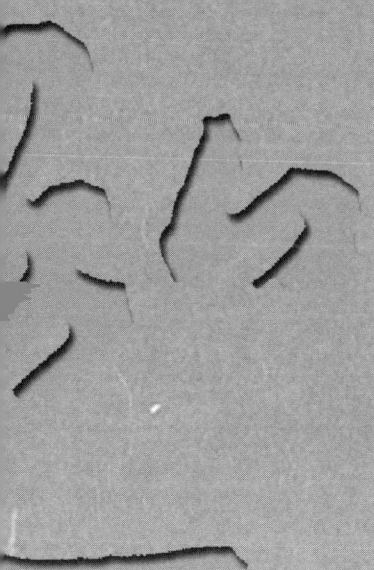

佛法以发大菩提心为主,成佛为终极旨趣。在体证佛道的过程中,弘一法师不离世间,发四弘愿,受三皈依,修习对机法门,下化众生,上求菩提。

发四弘誓愿

恭值灵峰蕅益大师圣诞。学律弟子等,敬于诸佛菩萨祖师之前,同发四弘誓愿:

一愿学律弟子等,生生世世,永为善友,互相提携,常不舍离,同学毗尼,同宣大法,绍隆僧种,普利众生。

一愿弟子等,学律及以弘法之时,身心安宁,无诸魔障,境缘顺遂,资生充足。

一愿当来建立南山律院,普集多众,广为弘传,不为名闻,不求利养。

一愿发大菩提心,护持佛法,誓尽心力,宣扬七百余年淹没不传之南山律教,流布世间,冀正法再兴,佛日重耀。

并愿以此发弘誓愿,及以别发四愿功德,乃至当来学律一切功德,悉以回向法界众生。唯愿诸众生等,共发大心,速消业障,往生极乐,早证菩提。

伏乞十方一切诸佛!本师释迦牟尼佛!极乐世界阿弥陀佛!观世音菩萨摩诃萨!地藏菩萨摩诃萨!南山道宣律师!灵芝元照律师!灵峰蕅益大师!慈念哀愍!证明摄受!

三皈大义

一、三皈之略义

三皈者，皈依于佛、法、僧三宝也。

三宝义甚广，有种种区别。今且就常人最易了解者，略举之。

佛者，如释迦牟尼佛、阿弥陀佛等诸佛是也。法者，为佛所说之法，或菩萨等依据佛意所说之法，即现今所流传之大、小乘经、律、论三藏也。僧者，如菩萨、声闻、诸圣贤众，下至仅剃发被袈裟者皆是也。

皈依者，皈向、依赖之意。

皈依于三宝者，乞三宝救护也。《大方便佛报恩经》云："譬人获罪于王，投向异国以求救护。异国王言：'汝来无畏，但莫出我境，莫违我教，必相救护。'众生亦尔，系属于魔，有生死罪，皈向三宝，以求救护。若诚心皈依，更无异向，不违佛教，魔王邪恶，无如之何。"

既已皈依于佛，自今以后，决不再依天仙、神鬼一切诸外道等。

既已皈依于法，自今以后，决不再依诸外道典籍。

既已皈依于僧，自今以后，决不再依于不奉行佛法者。

二、授三皈之方法

（一）忏悔。

（二）正授三皈。

（三）发愿回向。

应先请授者详力解释此三种文义。因仅读文而未解义，不能获诸善法也。

正授三皈之文有多种，常所用者如下：

我某甲，尽形寿皈依佛，皈依法，皈依僧。（三说）

我某甲，皈依佛竟，皈依法竟，皈依僧竟。（三结）

前三说时，已得皈依善法；后三结者，重更叮咛，令不忘失也。

忏悔文及发愿回向文，由授者酌定之。但发愿回向，应有以此功德，回向众生，同生西方，齐成佛道之意。万不可唯求自利也。

三、授三皈之利益

经、律、论中，赞叹皈依三宝功德之文甚多，今略举四则。《灌顶经》云："受三皈者，有三十六善神，与其无量诸眷属，守护其人令其安乐。"《善生经》云："若人受三皈，所得果报，不可穷尽。如四大宝藏（四宝者：金、银、琉璃、玻璃），举国人民，七年之中，运出不尽。受三皈者，其福过彼，不可称计。"《较量功德经》云："若三千大千世界，满中如来，如稻麻竹苇。若人四事供养（饮食、衣服、卧具、汤药），满二万岁，诸佛灭后，各起宝塔，复以香花供养，其福甚多，不如有人以清净心，皈依佛、法、僧三宝所得功德。"《大集经》云："妊娠女人，恐胎不安，先授三皈已，儿无加害；乃至生已，身心具足，善神拥护。"是母受兼资于子也。

四、结语

在本寺正式讲律，至今日圆满。今日所以聚集缁素诸众，讲三皈大意者，一以备诸师参考，俾他日为人授三皈时，知其简要之方法也。一以教诸在家人，令彼等了知三皈之大意，俾已受者，能了此意，应深自庆幸；其未受者，先能了知此意，且为他日依师受三皈之基础也。

佛法以大菩提心为主

一

戊寅年六月十九日,漳州七宝寺讲

我至贵地,可谓奇巧因缘。本拟住半月返厦,因变住此,得与诸君相晤,甚可喜。

先略说佛法大意。

佛法以大菩提心为主。菩提心者,即是利益众生之心,故信佛法者,须常抱积极之大悲心,发救济一切众生之大愿,努力做利益众生之种种慈善事业,乃不愧为佛教徒之名称。

若专修净土法门者,尤应先发大菩提心,否则他人谓佛法是消极的、厌世的、送死的,若发此心者,自无此误会。

至于做慈善事业,尤要。既为佛教徒,即应努力做利益社会之种种事业,乃能令他人了解佛教是救世的、积极的。不起误会。

或疑经中常言空义,岂不与前说相反?今案大菩提心,实具有悲、智二义。悲者如前所说。智者不执着我相,故曰空也。即是以无我之伟大精神，而做种种之利生事业。若解此意，而知常人执着我相而利益众生者，其能力薄、范围小、时不久、不彻底；若欲能力强、范围大、时间久、最彻底者，必须学习佛法，了解悲智之义，如是所做利生事业乃能十分圆满也。故知所谓空者，即是于常人所执着之我见，打破消灭，一扫而空。然后以无我之精神，努力切实做种种之事业。亦犹世间行事，先将不良之习惯等一一推翻，然后良好建设乃得实现也。

今能了解佛法之全系统及其真精神所在，则常人谓佛教是迷信是消极者，固可因此而知其不当；即谓佛教为世界一切宗教中最高尚之宗教，或谓佛法为世界一切哲学中最玄妙之哲学者，亦未为尽理，因佛法是真能，说明人生宇宙之所以然。

破除世间一切谬见，而予以正见；破除世间一切迷信，而予以正信；破除恶行，而予以正行；破除幻觉，而予以正觉；包括世间各教各学之长处，而补其不足；广被一切众生之机，而无所遗漏。

不仅中国，现今如欧美诸国人，正在热烈地研究及提倡，出版之佛教书籍及杂志等甚多，故望己为佛教徒者，须彻底研究佛法之真理，而努力实行，必不愧为佛教徒之名。其未信佛法者，亦宜虚心下气，尽力研究，然后于佛法再加以评论。此为余所希望者。

以上略说佛法大意毕。

又当地信士，因今日为菩萨诞，欲请解释南无观世音菩萨之义。兹以时间无多，唯略说之。

南无者，梵语，即皈依义。菩萨者，梵语，为菩提萨陀之省文。菩提者觉，萨陀者众生。因菩萨以智上求佛法，以悲下化众生，故称为菩提萨陀。此以悲、智二义解释，与前同也。观世音者，为此菩萨之名。亦可以悲、智二义分释。如《楞严经》云：由我观听十方圆明，故观音名遍十方界。约智言也。如《法华经》云：苦恼众生一心称名，菩萨即时观其音声，皆得解脱，以是名观世音。约悲言也。

二
己卯年四月十六日，永春桃源殿讲

我到永春的因缘，最初发起在三年之前。性愿老法师常常劝我到此地来，又常提起普济寺是如何如何地好。

两年以前的春天，我在南普陀讲律圆满以后，妙慧师便到厦门请我到此地来。那时因为学律的人要随行的太多，而普济寺中设备未广，不能够收容，不得已而中止。是为第一次欲来未果。

是年的冬天，有位善兴师，他持着永春诸善友一张请帖，到厦门万石岩去，要接我来永春，那时因为已先应了泉州草庵之请，故不能来永春。是为第二次欲来未果。

去年的冬天，妙慧师再到草庵来接。本想随请前来，不意过泉州时，又承诸善友挽留，不得已而延期至今春。是为第三次欲来未果。

直至今年半个月以前，妙慧师又到泉州劝请，是为第四次。因大众既然有如此的盛意，故不得不来。其时在泉州各地讲经，很是忙碌，因此又延搁了半个多月。今得来到贵处，和诸位善友相见，我心中非常欢喜。自三年前就想到此地来，屡次受了事情所阻，现在得来，满其多年的夙愿，更可说是十分欢喜了。

今天承诸位善友请我演讲，我以为谈玄说妙，虽然极为高尚，但于现在行持终觉了不相涉，所以今天我所讲的，且就常人现在即能实行的，约略说之。

因为专尚谈玄说妙，譬如那饥饿的人来研究食谱，虽山珍海味之名，纵横满纸，如何能够充饥？倒不如现在得到几种普通的食品，即可入口，得充一饱，才于实事有济。

以下所讲的，分为三段。

(一) 深信因果

因果之法，虽为佛法入门的初步，但是非常重要，无论何人皆须深信。何谓因果？因者好比种子，下在田中，将来可以长成为果实；果者譬如果实，自种子发芽，渐渐地开花结果。

我们一生所作所为，有善有恶，将来报应不出下列：

桃李种，长成为桃李——作善报善。

荆棘种，长成为荆棘——作恶报恶。

所以我们要避凶得吉，消灾得福，必须要厚植善因，努力改过迁善，将来才能够获得吉祥福德之好果。如果常作恶因，而要想免除凶祸灾难，哪里能够得到呢？

所以第一要劝大众深信因果，了知善恶报应，一丝一毫也不会差的。

（二）发菩提心

"菩提"二字是印度的梵语，翻译为"觉"，也就是成佛的意思。发者，是发起，故发菩提心者，便是发起成佛的心。为什么要成佛呢？为利益一切众生。须如何修持乃能成佛呢？须广修一切善行。以上所说的，要广修一切善行，利益一切众生，但须如何才能够彻底呢？须不着我相。所以发菩提心的人，应发以下之三种心：

1．大智心：不着我相。此心虽非凡夫所能发，亦应随分观察。

2．大愿心：广修善行。

3．大悲心：救众生苦。

又发菩提心者，须发以下所记之四弘誓愿：

1．众生无边誓愿度：菩提心以大悲为体，所以先说度生。

2．烦恼无尽誓愿断：愿一切众生，皆能断无尽之烦恼。

3．法门无量誓愿学：愿一切众生，皆能学无量之法门。

4．佛道无上誓愿成：愿一切众生，皆能成无上之佛道。

或疑烦恼以下之三愿，皆为我而发，如何说是愿一切众生？这里有两种解释：一就浅来说，我也就是众生中的一人，现在所说的众生，我也在其内。再进一步言，真发菩提心的，必须彻悟法性平等，决不见我与众生有什么差别，如是才能够真实和菩提心相应。所以现在发愿，说愿一切众生，有何妨耶！

（三）专修净土

既然已经发了菩提心，就应该努力地修持。但是佛所说的法门很多，深浅难易，种种不同。若修持的法门与根器不相契合的，用力多而收效少；倘与根器相契合的，用力少而收效多。在这末法之时，大多数众生的根器，和哪一种法门最相契合呢？说起来只有净土宗。因为泛泛修其他法门的，在这五浊恶世，无佛应现之时，很是困难。若果专修净土法门，则依佛大慈大悲之力，往生极乐世界，见佛闻法，速证菩提，比较容易得多。所以龙树菩萨曾说，前为难行道，后为易行道，前如陆路步行，后如水道乘船。

关于净土法门的书籍，可以首先阅览者，《初机净业指南》《印光法师嘉言录》《印光法师文钞》等。依此就可略知净土法门的门径。

近几个月以来，我在泉州各地方讲经，身体和精神都非常地疲劳。这次到贵处来，匆促演讲，不及预备，所以本说未能详尽之处，希望大众原谅。

修净土宗者应注意的几项

壬申年十月，厦门妙释寺讲

今日在本寺演讲，适值念佛会期。故为说修净土宗者应注意的几项。

修净土宗者，第一须发大菩提心。《无量寿经》中所说三辈往生者，皆须发无上菩提之心。《观无量寿佛经》亦云，欲生彼国者，应发菩提心。

由是观之，唯求自利者，不能往生，因与佛心不相应，佛以大悲心为体故。

常人谓净土宗唯是送死法门（临终乃有用），岂知净土宗以大菩提心为主，常应抱积极之大悲心，发救济众生之宏愿。

修净土宗者，应常常发代众生受苦心，愿以一肩负担一切众生，代其受苦。所谓一切众生者，非限一县一省，乃至全世界，若依佛经说，如此世界之形，更有不可说不可说许多之世界，有如此之多故。凡此一切世界之众生，所造种种恶业，应受种种之苦，我愿以一人一肩之力完全负担，决不畏其多苦，请旁人分任，因最初发誓愿，决定愿以一人之力救护一切故。

譬如日，不以世界多故，多日出现。但一日出，悉能普照一切众生。今以一人之力，负担一切众生，亦如是。

以上但云以一人能救一切，是横说。若就竖说，所经之时间，非一日、数日、数月、数年，乃经不可说不可说久远年代，尽于未来，决不厌倦。因我愿于三恶道中，以身为抵押品，赎出一切恶道众生。众生之罪未尽，我决不离恶道，誓愿代其受苦。故虽经过极长久之时间，亦决不起一念悔心、一念怯心、一念厌心，我应生十分大欢喜心，以一身承当此利生之事业也。

以上讲应发大菩提心竟。

至于读诵大乘，亦是观经所说。修净土法门者，固应诵《阿弥陀经》，常念佛名，然亦可以读诵《普贤行愿品》，回向往生。因经中最胜者，《华严经》；《华严经》之大旨，不出《普贤行愿品》第四十卷之外。此经中说，诵此普贤愿王者，能获种种利益，临命终时，此愿不离，引导往生极乐世界，乃至成佛。故修净土法门者，常读诵此《普贤行愿品》，最为适宜也。

至于做慈善事业，乃是人类所应为者，专修念佛之人，往往废弃世缘，懒做慈善事业，实有未可。因现生能做种种慈善事业，亦可为生西之资粮也。

就以上所说，第一劝大家应发大菩提心。否则他人将谓净土法门是消极的、厌世的、送死的。复劝常读《行愿品》，可以助发增长大菩提心。至于做慈善事业尤要。因既为佛徒，即应努力做利益社会种种之事业，乃能令他人了解佛教是救世的、积极的，不起误会。

关于净土宗修持法，于诸书皆详载，无须赘陈。故唯述应注意者数事，以备诸君参考。

地藏菩萨之灵感

癸酉年四月初七日，厦门万寿岩讲

地藏菩萨广大灵感，为诸大菩萨中第一。其灵感之益，见于各经中者甚多。今且举《地藏菩萨本愿经》中二十八种利益，略讲之。

佛言：若未来世，有善男子、善女人见地藏形像，及闻此经乃至读诵，香华、饮食、衣服、珍宝、布袍供养，赞叹、瞻礼得二十八种利益。

一者天龙护念。以前为恶鬼神等随逐，今则不然。

二者善果日增。恶鬼神随逐，则起恶心行恶事，令恶果日增。今则不然。

三者集圣上因。若行善而不发愿回向，仅成人天之因，今则不然。

四者菩提不退。

五者衣食丰足。

六者疾疫不临。

七者离水火灾。

八者无盗贼厄。

九者人见钦敬。

十者鬼神助持。

十一者女转男身。或来生,或今生。

十二者为王臣女。

十三者端正相好。

十四者多生天上。

十五者或为帝王。

十六者宿命智通。

十七者有求皆从。

十八者眷属欢乐。

十九者诸横消减。

二十者业道永除。

二十一者去处尽通。

二十二者夜梦安乐。

二十三者先亡离苦。

二十四者宿福受生。未发愿求生西方者,如前所说,生天上,为帝王,为王臣女等,今则不然。

二十五者诸圣赞叹。

二十六者聪明利根。

二十七者饶慈愍心。

二十八者毕竟成佛。

以上所举者,仅二十八种利益。据实言之,所得利益无量无边。二十八种,为其利益最大,且为常人所最易了解者。且举此令人生信仰心耳。

又须知如是种种利益,皆真实不虚。若礼敬供养地藏菩萨而未能获得如是利益者，皆因诚心未至也；倘能一心至诚礼敬供养，决定能获如是利益。二十八种中，第八为无盗贼厄，余于数年前曾亲历之，今愿为诸仁者略说其事。

余于在家之时，房内即供养地藏菩萨圣像，香烛供奉，信心甚诚；出家以后，随所住处，皆供奉地藏菩萨。

距今七年以前，余在杭州乡间某小寺过夏。寺中正房三间，各分前后，隔成六间。上有楼藏蓄物品，无人居住；楼下中间，前为大殿，后为客堂。上首前后二间余居之，下首前后二间本寺老和尚居之，楼梯即在其房中。其时老和尚抱病甚重，卧床不起。此外尚有出家者二人，在家者一人，分居客堂前小屋中。前面大门不开，皆由客堂侧之后门进出。

一日，有客人来，见外墙角有大石，告余曰："此应是盗贼欲入而未得也。"余闻其言，即知注意，因将存置楼上之物移入房内，并将各房之窗闩寻出，余室皆闩好（因以前各窗皆可随意自外开闭）；并以所余之闩转交诸师，令彼等亦各安竖，又警其注意。奈彼不信，遂即置之。

是夕，照例持诵地藏菩萨名号，心甚安静。及入夜，余睡眠甚安。但至中夜之时，闻楼上有数人行走之声，又闻老和尚说话，余以为老和尚扶病上楼，检点门窗，预防盗入也。不久，余即睡去。

次日晨起，如常开门，见客堂中，满地诸物，狼藉不堪。他人即告余云："汝尚不知夜间之事，汝实有福也。"遂续告余云："夜间有强盗数人，执刀杖等逾墙而入，先至小房，令出家者二人，在家者一人起床，并检觅彼等室中之银钱及在家人之衣服一件，悉已取去。后以刀逼迫彼等令带往老和尚处,彼等不得已,乃同往见老和尚。盗遂令老和尚偕往楼上开橱门,盗乃取洋二百余元。又于楼上检查所存各物,皆加检查,有欲者随意携去。后乃下楼。"盗等以为,全寺诸屋中,唯有余所居之屋未经检查,遂尽力拨门,又用木棍杵之,历一小时许而不能开(盗所拨者后室之门,余居前室,故不得闻。前室另有二门,在大殿侧,而盗等不知也)。又欲从窗而入,因内已闩,自外不能开。遂屡击玻璃,而玻璃不破。盗等精疲力尽,决不得入余房中。时天已将晓,彼等乃相率而去。

以上之事,皆由二位同居出家者为余述者,想与当时之情形相符也。此是余自己经历之一事,为二十八种利益中第八"无盗贼厄"也。

诸君倘能自今以后,发十分至诚之心礼敬供养地藏菩萨,则于二十八种利益必能一一具获,决定无疑。此则余可为诸君预庆者也。

余述地藏菩萨灵感已竟,请维那师领众诵地藏菩萨圣号及以回向(回向用"愿以此功德"偈)。

律学要略

乙亥年十一月，泉州承天寺，戒期胜会讲

我出家以来，在江浙一带并不敢随便讲经或讲律，更不敢赴什么传戒的道场，其缘故是因个人感觉学力不足。三年来，在闽南虽曾讲过些东西，自心总不满。这次本寺诸位长者再三地唤我来参加戒期胜会，在人情不得已中，故今天来与诸位谈谈。但因时间匆促，未能预备，又缺少参考书，兼以个人精神衰弱，拟在此共讲三天。今天先专为求授比丘戒者讲些律宗历史，他人旁听，虽不能解，亦是种植善根之事。

一、概说

为比丘者，应先了知戒律传入此土之因缘，及此土古今律宗盛衰之大概。由东汉至曹魏之初，僧人无皈戒之举，唯剃发而已。魏嘉平年中，天竺僧人传法时到中土，乃立羯磨受法，是为戒律之始。当是时可算是真实传授比丘戒的开始，后来渐渐地繁盛起来。

大部之广律，最初传来的是《十诵律》，翻译斯部律者，系姚秦时的鸠摩罗什法师；庐山净宗初祖远公法师亦竭力劝请赞扬。六朝时此律最盛于南方。其次翻译的是《四分律》，时期和《十诵律》相去不远，但迟至隋朝乃有人弘扬提倡，至唐初乃大盛。第三部是《僧祇律》，东晋时翻译的，六朝时北方稍有弘扬者。刘宋时继《僧祇律》后，有《五分律》，翻译斯律之人，即是译六十卷《华严经》者，文精而简，道宣律师甚赞，可惜罕有人弘扬。至其后有《有部律》，乃唐武则天时义净法师的译著，即是西藏一带最通行的律。当初义净法师在印度有二十余年的历史，博学强记，贯通律学精微，非印度之其他僧人所能及，实空前绝后的中国大律师。义净回国翻译终毕，他年亦老了，不久即圆寂，以后无有人弘扬，可惜，可惜！此外诸部律论甚多，不遑枚举。

关于《有部律》，我个人起初见之甚喜，研究多年；以后因朋友劝告即改研南山律，其原因是南山律依《四分律》而成，又稍有变化，能适合吾国僧众之根器故。现在我即专就《四分律》之历史大略说些。

唐代是《四分律》最盛时期，以前所弘扬的是《十诵律》，《四分律》少人弘扬，至唐初《四分律》学者乃盛，共有三大派：一相部律，依法砺律师为主；二南山律，以道宣律师为主；三东塔律，依怀素律师为主。法砺律师在道宣之前，道宣曾就学于他；怀素律师在道宣之后，亦曾亲近法砺、道宣二律师。斯律虽有三大派之分，最盛行于世的可算南山律了。南山律师著作浩如渊海，其中《行事钞》最负盛名，是时任何宗派之学者皆须研《行事钞》。自唐至宋，解者六十余家，唯灵芝元照律师最胜。元照律师尚有许多其他经、律的注释。元照后,律学渐渐趋于消沉,罕有人发心弘扬。

南宋后禅宗益盛,律学更无人过问,所有唐宋诸家的律学撰述数千卷悉皆散佚。迨至清初,唯存南山《随机羯磨》一卷,如是观之,大足令人兴叹不已!明末清初有蕅益、见月诸大师等,欲重兴律宗,但最可憾者,是唐宋古书不得见。当时蕅益大师著述有《毗尼事义集要》,初讲时人数已不多,以后更少,结果成绩颓然。见月律师弘律颇有成绩,撰述甚多,有解《随机羯磨》者,毗尼作持与南山颇有不同之处,因不得见南山著作故。此外尚有最负盛名的《传戒正范》一部,从明末至今,传戒之书独此一部,传戒尚存之一线曙光,唯赖此书。虽与南山之作未能尽合,然其功甚大,不可轻视。但近代受戒仪轨,又依此稍有增减,亦不是见月律师《传戒正范》之本来面目了。

南宋至清七百余年,关于唐宋诸家律学撰述,可谓无存。清光绪末年,乃自日本请还唐宋诸家律书之一部分,近十余年间,在天津已刊者数百卷。此外《续藏经》中所收尚未另刊者犹有数百卷。今后倘有人发心专力研习弘扬,可以恢复唐代之古风,凡蕅益、见月等所欲求见者,今悉俱在。我们生于此时候,实比蕅益、见月诸大师幸福多多。

但学律非是容易的事情。我虽然学律近二十年,仅可谓为学律之预备,窥见了少许之门径;再预备数年,乃可着手研究;以后至少须研究二十年,乃可稍有成绩。奈我现在老了,恐不能久住世间,很盼望你们有人能发心专学戒律,继我所未竟之志,则至善矣!

我们应知道,现在所流通之《传戒正范》,非是完美之书,何况更随便增减,所以必须今后恢复古法乃可。此皆你们的责任,我甚希望大家共同勉励进行!

(第一天所讲者已毕)第二天、第三天所讲的是:三皈、五戒乃至菩萨戒之要略。

二、受戒种类

三皈,五戒,八戒,沙弥、沙弥尼戒,式叉摩那戒,比丘、比丘尼戒,菩萨戒等,就普通说,菩萨戒为大乘,余皆小乘,但亦未必尽然,应依受者发心如何而定。我近来研究南山律,内中有云:"无论受何戒法,皆要先发大乘心。"由此看来,哪有一种戒法专名为小乘的呢!再就受戒方法论,如三皈,五戒,沙弥、沙弥尼戒,皆用三皈依受;至于比丘、比丘尼戒,菩萨戒,则须依羯磨文受。又如式叉摩那则是作羯磨与学戒法,不是另外得戒,与上不同。再依在家出家分之,就普通说,在家如三皈、五戒、八戒等,出家如沙弥、比丘戒等,实而言之,三皈、五戒、八戒,皆通在家出家。诸位听着这话,或当怀疑,今我以例证之。如明灵峰蕅益大师,他初亦受比丘戒,后但退作但三皈人,如是言之,只有三皈亦可算出家人。

又若单五戒亦可算出家人,因剃发以后,必先受五戒,后再受沙弥戒,未受沙弥戒前,只是五戒之出家人。故五戒通于在家出家,有在家优婆塞、出家优婆塞之别。例如,明蕅益大师之大弟子成时、性旦二师,皆自称为出家优婆塞。成时大师为编辑《净土十要》及《灵峰宗论》者,性旦大师为记录

《弥陀要解》者，皆是明末的高僧。

八戒何为亦通在家出家？《药师经》中说："比丘亦可受八戒，比丘再受八戒为欲增上功德故。"这样看起来，八戒亦通于僧俗。

以上略判竟，以下一一分别说之。

（一）三皈

三皈不属于戒，仅名三皈。三皈者，皈依佛、皈依法、皈依僧。未受以前必须要了解三皈道理，并非糊里糊涂地盲从瞎说，如这样子皆不得三皈。

所谓三宝有四种之别：一理体三宝，二化相三宝，三住持三宝，四一体三宝。尽讲起来，很深奥复杂，现在且专就住持三宝来说。三宝的意义是什么？佛、法、僧。所谓佛，即形像，如释迦佛像、药师佛像、弥陀佛像等；法即佛所说之经，如《法华经》《楞严经》等，皆佛金口所流露出来之法；僧即出家剃发受戒有威仪之人。以上所说佛、法、僧道理，可谓最浅近，谅诸位皆能明了吧。

皈依，即回转的意义，因前背舍三宝，而今转向三宝，故谓之皈依。但无论出家、在家之人，若受三皈时，有两点最重要：第一要注意皈依三宝是何意义。第二当受三皈时，师父所说应当十分明白，或师父所讲的话，全是文言不能了解，如是决不能得三皈；或隔离太远，听不明白亦不得三皈；或虽能听到大致了解，其中尚有一二怀疑处，亦不得三皈。又正授之时，即是皈依佛、皈依法、皈依僧三说，此最要紧，应十分注意。以后之皈依佛竟、皈依法竟、皈依僧竟，是名三结，无关紧要，所以诸位发心受戒，应先了知三皈意义。又当正授时，要在先皈依佛等三语注意，乃可得三皈。

以上三皈说已，下说五戒。

（二）五戒

就五戒言，亦要请师先为说明。五戒者，杀、盗、淫、妄、酒。当师父说明五戒意义时，切要用白话，浅近明了，使人易懂。受戒者听毕，应先自思量如是诸戒能持否，若不能全持，或一，或二，或三，或四，皆可随意。宁可不受，万不可受而不持。且就杀生而论，未受戒者，犯之本应有罪，若已受不杀戒者犯之，则罪更加重一倍。可怕不可怕呢？你们试想一想，如果不能受持，勉强敷衍，实是自寻烦恼！据我思之，五戒中最容易持的是不邪淫、不饮酒，诸位可先受这两条最为稳当；至于杀与妄语，有大小之分，大者虽不易犯，小者实为难持；又五戒中最为难持的莫如盗戒，非于盗戒戒相研究十分明了之后，万不可率尔而受。所以我盼望诸位对于盗戒一条缓缓再说，至要！至要！但以现在传戒情形看起来，在这许多人众集合场中，实际上是不能如上一一别受。我想现在受五戒时，不妨合众总受五戒，俟受戒后，再自己斟酌取舍，亦未为不可；于自己所不能奉持的数条，可以在引礼师前或俗人前舍去，这样办法，实在十分妥当，在授者减麻烦，诸位亦可免除烦恼。另外还有一句要紧的话，倘有人怀疑于此大众混杂扰乱之时，心中不能专一注想，或恐犹未得戒者，不妨请性愿老法师或其他善知识，再为重授一次，他们当即慈悲允许。

诸位，你们万不可轻视三皈五戒！我有句老实话对诸位说：

菩萨戒不是容易得的，沙弥戒及比丘戒是不能得的，无论出家或在家人所希望者，唯有三皈五戒，我们倘能得三皈五戒，那就是很好的了。因受持五戒，来生定可为人；既能持五戒，再说念阿弥陀佛名号，求生西方，临终时定能往生西方极乐世界，岂不甚好。就我自己而论，对于菩萨戒是有名无实；沙弥戒及比丘戒决定未得；即以五戒而言，亦不敢说完全，只可谓为出家多分优婆塞而已，这是实话。所以我盼望诸位要注意三皈五戒。当受五戒，应知于前说三皈正得戒体，最宜注意；后说五戒戒相为附属之文，不是在此时得戒。又须请师先为说明五戒之广狭。例如，饮酒一戒不唯不饮泉州酒店之酒，凡尽法界虚空界之戒缘境酒，皆不可饮。杀、盗、淫、妄，亦复如是。所以受戒功德普遍法界，实非人力所能思议。

宝华山见月律师所编《三皈五戒正范》，所有开示多用骈体文，闻者万不能了解，等于虚文而已，最好请师译成白话。此外我更附带言之：近有为人授五戒者于不饮酒后加不吸烟一句，但这不吸烟可不必加入，应另外劝告，不应加入五戒文中。

以上说五戒毕，以下讲八戒。

（三）八关斋戒

八戒，具云八关斋戒。"关"者，禁闭非逸，关闭所有一切非善事。"斋"是清的意思，绝诸一切杂想事。八关斋戒本有九条，因其中第七条包含两条，故合计为八条。前五与五戒同，后三条是另加的。后加三者，即：第六，华香、璎珞、香油涂身。这是印度美丽装饰之风俗，我国只有花香，并无璎珞等。但所谓香，如吾国香粉、香水、香牙粉、香牙膏及香皂等，皆不可用。第七，高胜床上坐，作倡伎乐故往观听。这就是两条合为一条的，现略为分析："高"是依佛制度，坐卧之床脚，最高不能超过一尺六寸；"胜"是指金银牙角等之装饰，此皆不可。但在他处不得已的时候，暂坐可开。佛制是专为自制的，须结正罪；如别人已作成功的，不是自制的，罪稍轻。作倡伎乐故往观听，音乐、影戏等皆属此条。所谓故往观听之，"故"字要注意，于无意中偶然听到或看见的不犯。以上高胜床上坐，作倡伎乐故往观听，共合为一条，受八关斋戒的人，皆不可为。第八，非时食。佛制受八关斋戒后，自黎明至正午可食，倘越时而食，即叫作非时食，即平常所说的"过午不食"。但正午后，不单是饭等不可食，如牛奶、水果等均不可用。如病重者，于不得已中，可在大家看不到的地方开食粥等。

受八关斋戒，普通于六斋日受。六斋日者，即初八、十四、十五、廿三，及月底最后二日，倘能发心日日受，那是最好不过了。受时要在每天晨起时，期限以一日一夜——天亮时至夜，夜至明早。受八关斋戒后，过午不食一条，应从今天正午后至明日黎明时皆不可食。又八戒与菩萨戒比，较别的戒有区别，因为八戒与菩萨戒，是顿立之戒（但上说的菩萨戒，是局就《梵网》《璎珞》等而说的，若依《瑜伽》戒本，则属于渐次之戒），这是什么缘故呢？未受五戒、沙弥戒、比丘戒，皆可即受菩萨戒或八戒，故曰顿立。若渐次之戒，必依次第，如先五戒，次沙弥戒，次比丘戒，层层上去的。以上所说八关斋戒，外江居士受的非常之多，我想闽南一带，将来亦应当提倡提倡！若嫌每月六日太多，可减至一日或两日亦无不可；因仅受一日，即有极大功德，何况六日全受呢！

（四）沙弥戒

沙弥戒诸位已知道了吧？此乃正戒，共十条。其中九条同八戒，另加手不捉钱宝一条，合而为十。但手不捉钱宝一条，平常人不明白，听了皆怕，不知此不捉钱宝是易持之戒。律中有方便办法，叫作"说净"，经过说净的仪式后，亦可照常自己捉持。最为繁难者，是正戒十条外于比丘戒亦应学习，犯者结罪。我初出家时不晓得，后来学律才知道。这样看起来，持沙弥戒亦是不容易的一回事。

（五）沙弥尼戒

沙弥尼戒，即女众法戒，与沙弥同。

（六）式叉摩那戒

梵语式叉摩那，此云学法女。外江各丛林，皆谓在家贞女为式叉摩那，这是错误的。闽南这边，那年开元寺传戒时，对于贞女不称式叉摩那，只用贞女之名，这是很通的。平常人多不解何者为式叉摩那，我现在略为解释一下：哪一种人可以受式叉摩那戒呢？要已受沙弥尼戒的人于十八岁时，受式叉摩那法，学习二年，然后再受比丘尼戒。因为佛制二十岁乃可受戒，于十八岁时，再学二年正当二十岁。于二年学习时，僧作羯磨，与学戒法；二年学毕乃可受比丘尼戒。但式叉摩那要学三法：一学根本法，即四重戒；二学六法，染心相触，盗减五钱，断畜命，小妄语，非时食，饮酒；三学行法，大尼诸戒,及威仪。

此仅是受学戒法,非另外得戒,故与他戒不同。以下讲比丘戒。

(七)比丘戒

因时间很短,现在不能详细说明,唯有几句要紧话先略说之:

我们生此末法时代,沙弥戒与比丘戒皆是不能得的,原因甚多甚多!今且举出一种来说,就是没有能授沙弥戒、比丘戒的人。若受沙弥戒,须二比丘授;比丘戒至少要五比丘授。倘若找不到比丘的话,不单比丘戒受不成,沙弥戒亦受不成。我有一句很伤心的话要对诸位讲:从南宋迄今六七百年来,或可谓僧种断绝了!以平常人眼光看起来,以为中国僧众很多,大有达至几百万之概。据实而论,这几百万中,要找出一个真比丘,怕也是不容易的事!如此怎样能受沙弥、比丘戒呢?既没有能授戒的人,如何会得戒呢?我想诸位听到这话,心中一定十分扫兴。或有人以为既不得戒,我们白吃辛苦,不如早些回去好,何必在此辛辛苦苦做这种极无意味的事情呢?但如此怀疑是大不对的。我劝诸位应好好地、镇静地在此受沙弥戒、比丘戒才是!虽不得戒,亦能种植善根,兼学种种威仪,岂不是好!又若想将来学律,必先挂名受沙弥、比丘戒,否则以白衣学律,必受他人讥评。所以你们在这儿发心受沙弥、比丘戒是很好的!

这次本寺诸位长老唤我来讲律学大意,我感觉着有种种困难之点,这是什么缘故?比方我在这儿,不依据佛所说的道理讲，一味地随顺他人顾惜情面敷衍了事，岂不是我害了你们吗！若依实在的话与你们讲，又恐怕因此引起你们的怀疑，所以我觉着十分困难。因此不得已，对于诸位分作两种说法：

1.老实不客气地，必须要说明受戒真相，恐怕诸位出戒堂后，妄自称为沙弥或比丘，致招重罪，那是不得了的事情！我有种比方，譬如泉州这地方有司令官等，不识相的老百姓亦自称我是司令官，如司令官等听到，定遭不良结果，说不定有枪毙之危险；未得沙弥、比丘戒者，妄自称为沙弥或比丘，必定遭恶报，亦就是这个道理。我为着良心的驱使，所以要对诸位说老实话。

2.以现在人情习惯看起来，我总劝诸位受戒，挂个虚名，受后俾可学律，不然，定招他人诽谤之虞。这样的说，诸位定必明了吧。

更进一层说，诸位中若有人真欲绍隆僧种，必须求得沙弥、比丘戒者，亦有一种特别的方法，即是如蕅益大师礼占察忏仪，求得清净轮相，即可得沙弥、比丘戒。除此以外，无有办法。故蕅益大师云："末世欲得净戒，舍此占察轮相之法，更无别途。"因为得清净轮相之后，即可自誓总受菩萨戒，而沙弥、比丘戒皆包括在内，以后即可称为菩萨比丘。礼占察忏得清净轮相，虽是极不容易的事，倘诸位中有真发大心者，亦可奋力进行，这是我最希望你们的。

（八）比丘尼戒

以下说比丘尼戒。

比丘尼戒，现在不能详说。依据佛制，比丘尼戒要重复受两次：先依尼僧授本法，后请大僧正授。但正得戒时，是在大僧正授时。此法南宋以后已不能实行了。

（九）菩萨戒

最后说菩萨戒。

菩萨戒，为着时间关系，亦不能详说。现在略举三事：

1. 要有菩萨种性，又能发菩提心，然后可受菩萨戒。什么是种性呢？简单来说，就是多生以来所成就的资格。所以当受戒时，戒师问："汝是菩萨否？"应答："我是菩萨！"这就是菩萨种性。戒师又问："既是菩萨，已发菩提心否？"应答："已发菩提心。"这就是发菩提心。如这样子才能受菩萨戒。

2. 平常人受菩萨戒者，皆是全受，但依《璎珞本业经》，可以随身分受，或一或多，与前所说的受五戒法相同。

3. 犯相重轻，依旧疏、新疏有种种差别，应随个人力量而行。现以例说，如妄语戒，旧疏说大妄语乃犯波罗夷罪，新疏说小妄语即犯波罗夷罪。至于起杀、盗、淫、妄之心，即犯波罗夷，乃是为地上菩萨所制。我等凡夫是做不到的。

所谓菩萨戒虽不易得，但如有真诚之心，亦非难事，且可自誓受，不比沙弥、比丘戒必须要请他人授。因为菩萨戒、五戒、八戒皆可自誓受，所以我们颇有得菩萨戒之希望！

今天律学要略讲完，我想在其中有不妥当处或错误处，还请诸位原谅。最后我尚有几句话：诸位在此受戒很好！在近代说，如外江最有名望的地方，虽有传戒，实不及此地完备,这是这里办事很有热心,很有精神,很有秩序,诚使我佩服!使我赞美!就以讲律来说,此地戒期中讲沙弥律、比丘戒本、《梵网经》,他方是难有的。几年前泉州大开元寺于戒期中提倡讲律,大家皆说是破天荒的举动。本寺此次传戒之美备,实与数年前大开元寺相同,并有露天演讲,使外人亦有种植善根之机缘,诚办事周到之处。本年天灾仍频,泉州亦不在例外,在人心惨痛、境遇萧条的状况中,本寺居然以极大规模,很圆满的开戒,这无非是诸位长老及大护法的道德感化所致。我这次到此地,心实无限欢喜!此是实话,并非捧场。此次能碰着这大机缘与诸位相聚,甚慰衷怀!最后还要与诸位恭喜!

修持药师如来法门的利益

己卯年四月,永春普济寺讲

今天所讲,就是深契时机的药师如来法门。我近年来,与人谈及药师法门时,所偏注重的有几样意思,今且举出,略说一下。

药师法门甚为广大,今所举出的几样,殊不足以包括药师法门的全体,亦只说是法门之一斑了。

一、维持世法

佛法本以出世间为归趣,其意义高深,常人每难了解。若药师法门,不但对于出世间往生成佛的道理屡屡言及,就是最浅近的现代实际的人类生活亦特别注重。如经中所说"消灾除难,离苦得乐,福寿康宁,所求如意,不相侵陵,互为饶益"等,皆属于此类。就此可见佛法亦能资助家庭社会的生活,与维持国家、世界的安宁,使人类在这现生之中即可得到佛法的利益。

或有人谓佛法是消极的、厌世的、无益于人类生活的,闻以上所说药师法门亦能维持世法，当不至对于佛法再生种种误解了。

二、辅助戒律

佛法之中，是以戒为根本的，所以佛经说："若无净戒，诸善功德不生。"但是受戒容易，得戒为难，持戒不犯更为难。今若能依照药师法门去修持力行，就可以得到上品圆满的戒。假使于所受之戒有毁犯时，但能至心诚恳持念药师佛号并礼敬供养者，即可消除犯戒的罪，还得清净，不致再堕落在三恶道中。

三、离苦得乐

佛法的宗派非常之繁，其中以净土宗最为兴盛。现今出家人或在家人修持此宗，求生西方极乐世界者甚多。但修净土宗者，若再能兼修药师法门，亦有资助决定生西的利益。依《药师经》说，若有众生能受持八关斋戒，又能听见药师佛名，于其临命终时，有八位大菩萨来接引往西方极乐世界众宝莲花之中。依此看来，药师虽是东方的佛，而也可以资助往生西方，能使吾人获得决定往生西方的利益。

再者，吾人修净土宗的，倘能于现在环境的苦乐顺逆一切放下，无所挂碍，则固至善，但是切实能够如此的，千万人中也难得一二。因为我们是处于凡夫的地位，在这尘世之时，对于身体、衣食、住处等，以及水、火、刀、兵的天灾人祸，都不能不有所顾虑,倘使身体多病,衣食、住处等困难,又或常常遇着天灾人祸的危难,皆足为用功办道的障碍。若欲免除此等障碍,必须兼修药师法门以为之资助,即可得到《药师经》中所说"消灾除难,离苦得乐"等种种利益也。

四、速得成佛

《药师经》绝非专说世间法的,因药师法门,唯是一乘速得成佛的法门。所以经中屡云"速证无上正等菩提,速得圆满"等。

若欲成佛,其主要的原因,即是"悲、智"两种愿心。《药师经》云:"应生无垢浊心、无怒害心,于一切有情起利益安乐、慈悲喜舍平等之心。"就是这个意思。前两句从反面转说,"无垢浊心"就是智心,"无怒害心"就是悲心。下一句正说,"舍"及"平等之心"就是智心,余属悲心。悲智为因,菩提为果,乃是佛法之通途。凡修持药师法门者,对于以上几句经文,尤宜特别注意,尽力奉行。

假使不如此,仅仅注意在滋养现实人生的事,则唯获人天福报,与夫出世间之佛法了无关系。若是受戒,也不能得上品圆满的戒。若是生西,也不能往生上品。

所以我们修持药师法门的,应该特别注意以上几句经文,依此发起"悲智"的弘愿。假使如此,则能以出世的精神来做世间的事业,也能得上品圆满的戒,也能往生上品,将来速得成佛可无容疑了。

药师法门甚为广大,上所述者,不过是我常对人讲的几样意思。将来暇时，尚拟依据全部经义，编辑较完备的药师法门著作，以备诸君参考。

最后，再就持念药师佛名的方法，略说一下。念佛名时，应依经文，念曰"南无药师琉璃光如来"，不可念"消灾延寿药师佛"。

附录

弘一法师年表

弘一法师年表

清光绪六年（1880） 庚辰 一岁

九月二十日，生于天津河东地藏庵前陆家胡同。原籍浙江平湖。俗姓李，父名世珍，号筱楼，同治年进士，曾任吏部主事。母王氏。法师行三，幼名成蹊。①

清光绪十年（1884） 甲申 五岁

父病逝，卒年七十二。其家请高僧临终日诵经。

清光绪十二年（1886） 丙戌 七岁

六七岁时，从仲兄受教。日课《百孝图》《返性篇》《格言联璧》等。

清光绪十四年（1888） 戊子 九岁

从师受业，读《唐诗》《千家诗》《孝经》等。

清光绪十五年（1889） 己丑 十岁

始读"四书"及《古文观止》。

---

① 年表时间均为旧历，以下不一一注明。

清光绪十八年（1892）　壬辰　十三岁

习训诂，读《尔雅》及《说文解字》，开始临摹篆帖。

清光绪十九年（1893）　癸巳　十四岁

力摹篆字，临《宣王猎碣》。

清光绪二十年（1894）　甲午　十五岁

致力篆书，读《史汉精华录》及《左传》。

清光绪二十二年（1896）　丙申　十七岁

从天津名士赵幼梅学词，又从唐静岩学篆书及刻石，其间并习八股文。

清光绪二十三年（1897）　丁酉　十八岁

与俞氏结婚。以童生资格应天津县儒学考试，学名李文涛。

清光绪二十四年（1898）　戊戌　十九岁

携眷奉母南迁至上海。加入城南文社。

清光绪二十五年（1899）　己亥　二十岁

奉母移居城南草堂。主人许幻园题"李庐"二字赠之，遂自号李庐主人。与蔡小香、张小楼、袁希濂、许幻园结为"天涯五友"。

清光绪二十六年（1900）　庚子　二十一岁

作《二十自述诗》，出版《李庐印谱》《李庐诗钟》。

清光绪二十七年（1901）　辛丑　二十二岁

考入上海南洋公学经济特科班，从蔡元培受业，改名李广平。同学有邵力子、黄炎培、谢无量、洪允祥、王莪孙、胡仁源、殷祖伊、贝寿同等。

清光绪二十八年（1902） 壬寅 二十三岁

以嘉兴府平湖县监生资格，参加"补行庚子辛丑恩正并科"乡试，未中。仍归南洋公学，肄业。

清光绪二十九年（1903） 癸卯 二十四岁

将日本学者著作《法学门径书》及《国际私法》译为中文，交开明书店出版。

清光绪三十一年（1905） 乙巳 二十六岁

与许幻园、黄炎培等创办"沪学会"，提倡办补习班，改良风俗。为补习班撰《祖国歌》。

是年东渡日本留学。到日本后，即进修日文，撰《图画修得法》《水彩画法说略》。

清光绪三十二年（1906） 丙午 二十七岁

主编《音乐小杂志》，在日本印刷，寄回国内发行。又编《国学唱歌集》。

九月，考入东京美术学校，改名李岸，从名画家黑田清辉学西洋画。

清光绪三十三年（1907） 丁未 二十八岁

在东京美术学校学西洋画，同时于音乐学校学习音乐。与东京美术学校同学曾孝谷组织话剧团体"春柳社"，研究新剧。

清宣统三年（1911） 辛亥 三十二岁

三月，从东京美术学校西洋画科毕业后回国。

任教于直隶高等工业学堂，教授图画。

民国元年（1912） 壬子 三十三岁

至上海任《太平洋报》编辑，兼任城东女学音乐、国文教员。与柳亚子等创立"文美会",主编《文美杂志》。加入南社为社员。《太平洋报》停办后聘至杭州浙江省立第一师范学校,担任图画和音乐教员。改名李息,字息翁。

民国二年(1913) 癸丑 三十四岁

在浙江省立第一师范学校任教。

五月,以浙一师校友会名义发行刊物《白阳》,发表三部合唱歌曲《春游曲》,以及《西湖夜游记》《近世欧洲文学之概观》《西洋乐器种类概说》《石膏模型用法》等诸作,均署名息霜。

民国三年(1914) 甲寅 三十五岁

在浙江省立第一师范学校任教,并加入西泠印社为社员。组织"乐石社",研究金石之学,被推为社长。

民国四年(1915) 乙卯 三十六岁

在浙江省立第一师范学校任教,兼任南京高等师范图画和音乐教员。

民国五年(1916) 丙辰 三十七岁

在浙江省立第一师范学校任教。

冬,入西湖虎跑定慧寺,试验断食,写《断食日记》,改名李婴。

民国六年(1917) 丁巳 三十八岁

在浙江省立第一师范学校任教。

民国七年(1918) 戊午 三十九岁

新岁,以居士身份居虎跑定慧寺习静,即皈依了悟和尚为在家弟子,取名演音,号弘一,自称当来沙弥。

七月,披剃于虎跑定慧寺,正式称法名演音,号弘一。

九月，入灵隐寺受具足戒，慧明法师开堂。受戒后，至嘉兴精严寺小住。

民国八年（1919） 己未 四十岁

先住杭州艮山门外井亭庵，后移居玉泉清涟寺。又居虎跑定慧寺，从华德禅师学唱赞呗，手录赞颂，附以记印，撰《赞颂辑要弁言》，备赞梵呗之功德。

民国九年（1920） 庚申 四十一岁

夏居玉泉寺，习《根本说一切有部律》。

七月，至新城贝山闭关，专研《四分律》。

民国十年（1921） 辛酉 四十二岁

三月，自杭州至温州，居庆福寺，撰《谢客启》，闭关研律。

民国十一年（1922） 壬戌 四十三岁

居庆福寺，尊寺主寂山长老为依止阿阇黎，闭关禁语。

民国二十年（1931） 辛未 五十二岁

二月，过宁波，止白衣寺，旋赴白马湖，继至横塘镇法界寺。二月十五日于佛前发专学南山律誓愿。离法界寺至金仙寺。

十一月，与五磊寺寺主栖莲法师签订创办南山律学院协议。

民国二十一年（1932） 壬申 五十三岁

于慈溪金仙寺发心讲律学，后以因缘尚未成熟，又返伏龙寺。

秋，至上虞法界寺，大病。病后复至镇海伏龙寺安居。

十月，云游南闽，居厦门万寿岩。

十二月，于妙释寺，讲《人生之最后》。

民国二十二年（1933） 癸酉 五十四岁

正月，移居妙释寺。

二月，于万寿岩，讲《随机羯磨》。

民国二十三年（1934） 甲戌 五十五岁

二月，应常惺、会泉二法师之请，至厦门南普陀寺讲律。并嘱瑞今法师创办佛教养正院，培养初学僧侣。

民国二十四年（1935） 乙亥 五十六岁

正月，居万寿岩，讲《净宗问辨》。

三月，至泉州开元寺，讲《一梦漫言》。

十一月，应泉州承天寺请，于戒期中讲《律学要略》。

民国二十五年（1936） 丙子 五十七岁

居鼓浪屿日光岩。

编成《佛学丛刊》，交上海世界书局出版。

《清凉歌集》由上海开明书店出版。

民国二十六年（1937） 丁丑 五十八岁

年初在南普陀寺，讲《随机羯磨》。

二月，在佛教养正院，讲《南闽十年之梦影》。

三月，应会泉法师之请，移居万石岩。应请为厦门市第一届运动大会撰会歌。

四月，坐轮船取道上海赴青岛。

九月，离青岛经沪返厦门，岁暮至泉州草庵。

应杭州《越风》杂志之请，撰《我在西湖出家的经过》，刊于《越风》增刊第一集《西湖》专号。

民国二十七年（1938） 戊寅 五十九岁

年初，在草庵，讲《华严经·普贤行愿品》。继至泉州承天寺、梅石书院、开元寺、清尘堂及惠安等处讲经。

三月下旬，自泉州赴厦门，至鼓浪屿了闲别墅讲经。

秋，自漳州经同安梵天寺至安海水心亭。讲《佛法十疑略释》《佛法宗派大概》等。

初冬至泉州承天寺，后移居温陵养老院。

民国二十八年（1939） 己卯 六十岁

二月，自泉州入永春，寓普济寺，闭关静修。编辑《南山律在家备览》。

民国二十九年（1940） 庚辰 六十一岁

春，居永春普济寺闭关。

十月，应请自永春赴南安玳瑁山灵应寺。

民国三十年（1941） 辛巳 六十二岁

春，居南安灵应寺。

四月，重过水云洞，于晋江檀林乡福林寺结夏安居，讲《律钞宗要》。

冬，入泉州百原寺小住，后移居开元寺。腊月下旬，返福林寺。

民国三十一年（1942） 壬午 六十三岁

二月，应惠安缁素之请，赴灵瑞山讲经。

三月，回泉州百原寺，后移居温陵养老院。

七月，在泉州朱子祠过化亭，教演《出家剃度仪式》。

八月，于开元寺尊胜院，讲《八大人觉经》。廿八日下午，自写遗嘱三纸。

九月初一日，书"悲欣交集"四字，与侍者妙莲，是为最后之绝笔。九月初四日午后八时，作涅槃卧，圆寂于泉州温陵养老院晚晴室。

后记

我社2015年版《悲欣交集——弘一法师自述》自面市以来,已经印刷八次,承蒙读者厚爱,细心披览,指出了本书版本存在的不足。这些读者意见弥足珍贵,有助于持续提高出版物水平,我们也在第九次印刷前,重新安排责任编辑李特再走三校流程,纠正了诸多疏漏,将质量更佳的成品敬奉读者。

弘一法师著述丰赡,成就卓越,编者水平有限,挂一漏万,不能全面展示大师的成就,我们选择文章时取舍非常艰难,本书想呈现的不仅仅是学术史上堪称典范的弘一大师,求学途中的老师李叔同,还有邻家的少年李文涛。

人生道路并非一直平坦宽广,时而曲折,时而泥泞,正如情感中有兴奋、愉悦、欢喜、开心、快乐,也有愤怒、怨恨、遗憾、难过、悲伤,还有宽宥、饶恕、释然、悲悯、同情,正是因为这些纠缠复杂、互为补充的情境与体验,让强大的内心更加柔软、丰盈、充实。种种的不完美使我们越发珍惜当下的所有,生活的重压让我们更为珍视此时的宁静,不因无知的过往而深陷，不因暂时的困境而懊恼，不因一时的得意而傲骄，辛劳奔波后，在斤斤计较的日常中和本书相遇，展卷细读，徜徉艺苑，品味苦乐，抚慰心灵，解开心结，体会弘一法师博大、慈悲的胸怀，包容对立、救助弱小、呵护众生的坚持，不偏视、不歧视、不轻视的心境。虽烦恼聚而智慧起，虽山谷低而长天远，一月印万川，片云点太清，华枝春满、天心月圆。

本书是2014年我社"艺术名家自述系列"《悲欣交集——弘一法师自述》《琴书都在翠微中——黄宾虹自述》《为人生而艺——徐悲鸿自述》《余语往事——齐白石自述》一套四本中的一本，此套丛书体例统一，要求兼具通俗性、可读性、艺术性与专业性。本书以新世界出版社2013年版《弘一法师全集》为底本，主要用福建人民出版社1991年版《弘一大师全集》参校，通过近半年时间阅读、整理、选择，精编为人生感悟、艺术生涯、传道弘法、上求菩提四部分，从内容选定到标题拟定都颇费心力，特别是为突出主题，编者从正文中选择语句作为新拟标题，替换选编文章原标题之举实属大胆，如有不当，期盼指正。

文化艺术出版社一直以来以读者为中心，重视阅读体验和市场反馈，为大众提供优质、多样的图书是我们一贯的宗旨，也是我们的心愿。

编者
2022年9月